딸에게 주는 엄마의 선물
깊은 사랑, 조그만 역사

딸에게 주는 엄마의 선물
깊은 사랑, 조그만 역사

초판 1쇄 인쇄	2024년 09월 23일
초판 1쇄 발행	2024년 10월 10일
신고번호	제313-2010-376호
등록번호	105-91-58839
지은이	이화정
발행처	보민출판사
발행인	김국환
기획	김선희
편집	조예슬
디자인	다인디자인
ISBN	979-11-6957-232-3 03810
주소	경기도 파주시 해올로 11, 우미린더퍼스트@ 상가 2동 109호
전화	070-8615-7449
사이트	www.bominbook.com

• 가격은 뒤표지에 있으며, 파본은 구입하신 서점에서 교환해드립니다.
• 이 책은 저작권법에 의하여 보호를 받는 저작물이므로 무단 전재와 복사를 금합니다.

딸에게 주는 엄마의 선물 ——— # 깊은 사랑, 조그만 역사

고마워,
그 많은 사람 중에 내게 와주어서

추천사

요즘 엄마들은 각종 육아서에서 정보를 얻어 똑 부러지게 아이들을 양육한다고 이야기한다. 하지만 그에 비해 아이들은 마치 사랑을 받지 못한 것처럼 사랑을 갈망하고, 정서적으로 지독한 빈곤에 시달리기도 한다. 이는 아이들이 느끼는 감정에 있어서 육아서에서 나온 이론과 실제는 현실과 다른 점이 많다는 것을 시사한다. 이 책의 저자는 강남에서 딸을 키우는 초보 엄마로서 아이의 임신부터 출산, 그리고 육아의 과정을 진솔하게 에세이 형식으로 이야기하고 있다. '너를 사랑해. 너는 소중한 존재야'라고 느끼게 해주는 것이 아이가 원하는 사랑 표현법이란 걸, 그리고 그 기본에는 아이의 말을 경청하고 공감해주는 것이 사랑의 기본이라는 걸 이 책을 읽으며 알게 되었다.

현명한 엄마가 되기란 참으로 쉬운 일이 아니지만, 이 책과 함께 아이의 눈높이에 맞추어 세상을 바라보고, 각자의 개성에 맞도록, 그리고 아이의 속도에 맞추어 기다려보며 오늘도 엄마라는 이름을 달고 세상을 향해 한 발 더 뻗어보자. 아이의 공부도 챙겨야 하고, 주말마다 취미활동도 함께해야 하고, 학교에 들어가기 전까지 아이의 재능이 무엇인지 알아내서 소질을 찾아내는 것도 중요하지만, 육아에서 가장 중요한 점은, 아이가 '건강하게' 자라기를 바라는 마음이다. 더 똑똑한 아이, 키가 더 큰 아이, 다른 아이보다 빨리 걷는 아이가 되기를 바라는 마음에서 하는 많은 행동이 오히려 아이에게 해가 될 수도 있다.

아이들은 '잘한다. 예쁘다. 귀하다'를 심으면 자신감 넘치고 당당한 사람이 되지만 '못한다. 밉다'를 심으면 자신감도 없고, 매사에 되는 일이 없는 아이가 된다. 그래서 엄마의 역할이 무엇보다 중요하다고 저자는 말하고 있다. 실수하고 넘어진 아이를 평가하고 질책하는 존재가 아니라 품어주고, 위로하고, 다시 일어설 수 있도록 힘을 주는 존재가 엄마인 것이다. 저자는 내 뜻대로 키워보고자 하는 마음에 아이에 대한 존중과 아이가 살고자 하는 삶에 대한 자율성의 존중을 덮어버리지 말아야 한다고 이야기한다. 자식은 잘 키우려고 낳는 게 아니라, 사랑하려고 낳는 것임을 이 책에서 전하고 있기에 아이 양육이라는 낯설고도 두려운 벽 앞에 선 이 땅의 모든 엄마들에게 위로와 평안을 선물할 것이다.

2024년 10월

편집위원 **김선희**

머리말

**사랑하는 자녀를 키우는 엄마 마음은 모두 같을 텐데…
강남에서 딸을 키우는 초보 엄마의 고민과 배움**

모든 엄마가 딸을 키우는 마음은 같을 것입니다. 저 역시 사랑하는 딸을 키우며 많은 고민과 염려 속에서 하루하루를 살아가고 있습니다. 딸을 처음 만났을 때의 그 벅찬 순간을 어떻게 말로 다 표현할 수 있을까요? 작고 여린 생명이 제 품에 안겨 있을 때, 그 사랑스러움에 눈물이 날 만큼 가슴이 벅차오르던 기억이 아직도 생생합니다. 딸을 임신한 그날부터 제게 주어진 새로운 이름은 바로 '엄마'였습니다. 우리에게 너무나 익숙한 그 이름의 무게는 가벼운 듯하면서도, 매 순간 저를 조금 더 성숙하게 만들어주었습니다.

강남 대치동, 대한민국 사교육의 중심이라 불리는 곳에서 아이를 키우는 일은 참으로 치열하고 때로는 고단한 여정이었습니다. 경쟁과 성취가 마치 당연한 듯 요구되는 이곳에서, 딸에게 무엇을 어떻게 가르쳐야 할지 고민한 날이 많았습니다. 때로는 아이보다 제가 더 초조하고, 혹여 아이가 뒤처지지는 않을까 염려했던 순간도 적지 않았습니다.

하지만 그럴 때마다 딸은 무심하게도 맑은 눈빛으로 제게 웃어주었고, 그 웃음은 언제나 저를 다시 일깨워주었습니다. 그러나 한편으로는 나보다 더 빠르게 현실에 적응해가는 딸을 보면서, 또 때때로 날카로워지는 딸을 보면서, 그 변화가 당연한 현상인지, 아니면 특별한 현상인지 스스로에게 묻게 되기도 했습니다. 딸의 미래를 준비하는 일들이 우리의 관계에 갈등을 부추기는 일이 되는 건 아닌지 하는 두려움도 있었습니다.

아직도 엄마로서의 길은 끝나지 않았으며, 이제 정말 시작일 수도 있습니다. 아무도 정답을 말해주지 않는 현실 속에서 초보 엄마로서 삶은 외로웠습니다. 그러나 저와 다르게 사교육 홍보의 선전장 같은 지역에 살면서도 주변 환경에 흔들림 없이 꿋꿋하게 자기 방식대로 자녀를 키우는 엄마도 물론 있습니다. 일부는 그 방식을 후회하기도 하고, 일부는 아직도 자신만의 소신을 지켜 나가고 있습니다. 저에게는 누구의 방식이 맞는지 여부보다는 우리 딸이 현재 행복한지가 더 중요합니다. 그러면서도 주변의 영향에 흔들리는 저 자신을 봅니다.

그럼에도 아이와 함께한 지난 시간은 매일매일 새로운 도전이자 배움의 연속이었습니다. 밤늦게까지 공부해야만 할 것 같은 불안함 속에서도, 한 번씩 손을 꼭 잡고 산책하던 조용한 저녁의 순간들이 생각납니다. 성적보다 더 소중했던 딸과의 대화, 새로운 것을 배우고 나서 "엄마, 나 이거 할 수 있어!"라고 자신 있게 외치던 그 목소리, 그 모든 순간이 하나하나 모여 지금의 우리를 만들었습니다. 엄마라는 이름으로 살아가면서, 저는 딸과 함께 성장했습니다. 아이와 함께 걷는 길이 비록 순탄하지만은 않았지만, 우리는 언제나 그 길 위에서 더 많은 사랑과 배움을 나눌 수 있었습니다. 치열한 경쟁 속에서도, 우리는 작은 기쁨을 느끼고, 슬픔 속에서는 서로를 다독이며 앞으로 나아갔습니다.

이 글은 딸과 함께한 지난 10년간의 임신부터 출산, 성장

과정의 기록입니다. 작지만 소중했던 성취, 시행착오와 실패 속에서도 후회와 함께 웃으며 다시 일어서던 우리 모녀의 이야기입니다. 또 이 책은 초보 엄마로서 아이와 함께한 시간을 담은 일기이자, 제가 배우고 느낀 삶의 소중한 가르침들에 대한 고백입니다. 때로는 힘들었지만, 그보다 훨씬 더 아름답고 기적 같았던 날들이 많았기에 이 기록을 남길 수 있었습니다. 수학 같은 세계가 아닌 인생에 확실한 정답은 없겠지만, 정답을 찾아 헤매는 과정은 있습니다. 누구에게는 지침이 되고, 또 누군가에게는 반면교사로 남겠지만, 엄마의 사랑만은 그대로 전해지기를 바랄 뿐입니다.

딸이 어느 정도 컸을 때, 이 책을 읽으며 자신이 어떻게 커 왔으며, 그때 엄마의 마음이 어떠했는지 알게 됨으로써 자신이 앞으로 무엇을 해야 할지 결심하는 자신감과 동기부여가 된다면 좋겠습니다. 무엇보다 엄마가 얼마나 딸을 사랑했는지 떠올리는 한 장의 추억 사진이 되기를 희망합니다. 또한 이 책을 통해 동시대를 살아가는 예비 산모 혹은 현재 아이를 키우는 엄마들에게 어떤 선택과 희망이 있는지 공유하고, 작은 위로와 공감이 전해지기를 바랍니다. 우리는 모두 각자의 방식으로 아이들과 함께 자라고 있습니다. 그 과정에서 얻은 사랑과 배움이 여러분과 자녀에게 전해지기를 기대합니다.

2024년 10월

초보 엄마 **이화정**

목차

추천사 _ 4
머리말 _ 7

하나, 태동 – 우주의 시작 _ 16
둘, 나무의 탄생, 생명의 신비 _ 35
셋, 쉿! 하라야, 네 동생을 가졌어 _ 65
넷, 하라의 좌충우돌 성장기 _ 76
다섯, 꿈결 같은 대화 _ 123
여섯, 아이를 키운다는 건 기쁨이자, 경이로운 축복이다 _ 150

*
'사랑하는 우리 딸, 엄마 뱃속에서 꼬물대던 때가 엊그제 같은데 벌써 우리나라 나이로 다섯 살이 되었구나. 엄마는 매일 매일 하라로 인해 기적이고 감동이야. 언제나 다치지 않기를, 아프지 않기를, 늘 우리 하라가 행복하기를. 올해도 엄마랑 잘해보자. 잘 부탁해.'
*

딸에게 주는 엄마의 선물

깊은 사랑,
조그만 역사

하나,
태동 – 우주의 시작

여름이 마냥 깊다.

더위를 핑계 삼아 늘어져도 괜찮은 날이라고 생각하여 거실에서 널브러져 책을 읽고 있는데, 가만… 최근 들어 생리도 없고 젖꼭지가 스치기만 해도 아픈 걸 떠올렸다. 여자의 직감이라고 할까? 혹시나 하여 임신 테스트기를 사용하였는데, 두 줄이 선명하게 그어졌다. 당혹감과 기쁨의 복잡한 감정이 일어, 제일 먼저 엄마에게 전화했다. 그런데 엄마는 놀란 나보다 더 흥분하셨다. 전화기 너머 엄마의 복받치는 울음에 나 또한 울컥 눈물이 나왔다.

남편의 퇴근 시간에 맞추어 마중 나갔다. 임신 테스트기를 보여주니 남편 또한 놀라면서 믿기지 않는 듯 얼떨떨한 표정을 지었다. 이런 게 행복일까? 그날 밤엔 남편의 팔베개에서 상상의 나래를 펼쳤다. __ 2015. 7. 28. 화요일

며칠간 계속 테스트기로 확인하다가 4일이 지난 후 병원에 들르니, 아기집으로 추정되는 게 보이긴 보이는데, 몇 주인지 측정이 안 될 정도로 작다고 했다. 약간 불안했지만, 그래도 설마 하는 기분으로 견디기로 했다. __ 2015. 8. 1. 토요일

결국 견딤이 희망으로 바뀌었다.

아기집이 10일 동안 커진 모양이었다. 의사가 웃으며 까만 동그라미가 아기집이고, 하얀 동그라미가 아기에게 영양을 공급하는 난황 그리고 하얀 점이 아기라고 했다. 오래간만에 기

쁨이 폭발하였다. 옆에 있던 남편은 아직 미미한 점이라도 너무 귀엽다며 울먹였다. 남편과 사랑의 결실인, 앞으로 태어날 나의 사랑, 나의 아기로 온 세상이 아름답게 보였다. 이즈음부터 내 감수성이 부쩍 풍부해진 듯하다. 임신 초기 단계에서 느낄 수 있는 주요 심리적 변화는 기쁨과 불안이라고 한다. 임신 소식은 큰 기쁨이지만, 동시에 앞으로 진행될 변화와 부모의 역할에 대한 불안과 걱정이 함께 다가올 수 있음을 잘 알기에, 이러한 감정들을 이해하고 받아들이기로 했다. ― 2015. 8. 10. 월요일

그러다 어느덧 입덧이 시작되었다.

엄마도 날 가졌을 때 그랬겠지, 하는 생각에 새삼 엄마가 보고 싶었다. 오늘은 특별히 아기의 심장 소리를 들었다. 얼른 핸드폰으로 녹음해서 엄마와 남편에게 보내드렸다. 엄마는 엄마대로, 남편은 남편대로 감동하여 울었다고 했다.

다음 병원 예약이 9월 첫째 주인데 너무 먼 것 같아서 한참을 기다려야 할 것 같다. 평소 하루가 너무 빨리 지나가서 매일 아쉬웠는데, 진료일까지는 시간이 너무 느리게 흐른다. 이

게 무슨 일이람? 병원에 얼른 가고 싶은 건 태어나서 처음이었다. 우리 아기가 얼마나 컸는지 매일매일 너무도 궁금하다. 속이 메슥거리고 토하고 싶었지만, 이것 또한 아기가 잘 있다는 신호일 거야, 라고 애써 긍정적으로 생각하기로 했다.
2015. 8. 19. 수요일

"안녕, 나무야!"

"우리 아가 이름을, 아니 태명을 엄마가 오늘 처음 불러보네."

남편과 상의한 끝에 아기 태명을 '나무'라고 정했다. 얼마 전 남편과 함께 도심의 공원에 인위적으로 조성한 우레탄이 아닌 나무가 우거진 흙길을 맨발로 걸은 적이 있다. 이른바 요즘 유행하는 '어싱(earthing)'을 실천한 건데, 어싱은 맨발을 땅과 직접 접촉해 지구의 에너지를 받아들이는 맨발 걷기를 말한다. 맨발 걷기는 면역력을 높이고, 세로토닌을 활성화하며, 집중력과 안정감을 가져다준다고 알려져 있는데, 흙의 보슬보슬함과 기분 좋은 정도의 차가움은 평소 받았던 스트레스를 날려주는 듯했다. 여기에다 나무가 우거진 오솔길을 걸으니 심신의 안정을 느끼게 되었다. 그때 남편이 흙길도 좋지만, 나무의 향취가 너무 좋다고 하였다. 그런 '나의 사랑, 나의 나무.'

　내친김에 앞으로 태어날 나무를 잘 지켜보기 위해 병원을 옮겼다. 병원 시설은 좋은데 초음파가 마음에 들지 않았지만, 그건 크게 신경 쓰지 않았다. 임신 후 9주 차가 가장 귀엽다는 말을 듣고 의사에게 보챘더니 동영상으로 보여주었다. 영상 속에서 나무의 팔, 다리가 나오는 걸 보고 너무 신기하고 앙증맞아 화들짝 놀랐다. 너무도 신비롭고 황홀하여 "나무야!" 하고 불러봤는데, 아기는 벌써 "엄마!" 하고 손을 흔들어 너무 감동해서 임신 후 처음으로 울었다.

　"나무야, 사진은 너의 심장이 뛰는 그래프란다."
　"오늘은 천둥소리처럼 우렁찼어."
　"나무야, 엄마는 6주째부터 입덧을 시작해서 지금까지 고생하고 있어. 다행히 아빠가 엄마를 잘 케어해서 행복한 마음으로 견디고 있단다. 나무가 태어나면 지금 엄마가 받는 사랑, 나무가 다 받게 될 거야. 엄마도 우리 나무 더 많이 사랑해줄게."
　"고마워~ 아빠 엄마에게 와줘서…"

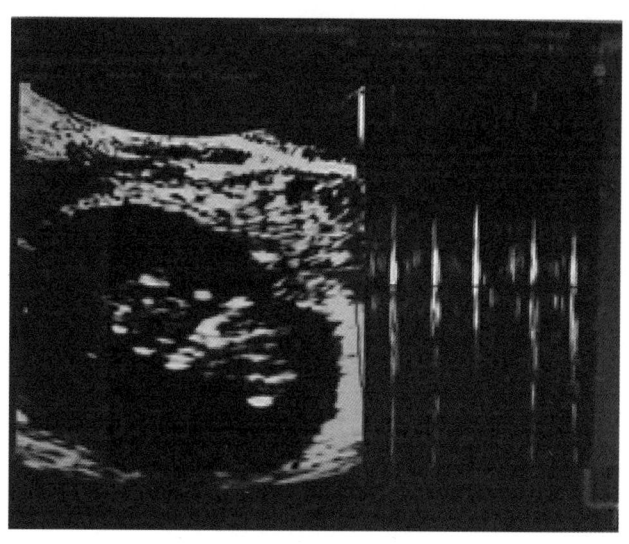

'사람이 온다는 건 실로 어마어마한 일이고, 한 사람의 일생이 오는 것'이라고 어느 시인이 말했지. 그런데 나에게도 한 사람이 왔다. 내게 아이가 온다는 건 세상이 오는 것이며, 온 우주와 함께 기쁨과 설렘이 동시에 오는 것과 같은 의미이다. 그러기에 입덧으로 매우 고통스럽지만, 나무만 생각하면 모든 고생이 사라지는 듯하다. 나무에게 다시 나지막이 속삭였다.

"고마워. 그 많은 사람 중에 내게 와주어서." ＿ 2015. 9. 3. 목요일

얼마 전, 추석 스트레스가 꽤 심해서 후유증이 며칠 지속되었다. 그러더니 오늘은 결국 심장이 급격하게 빨라지고 어지럽더니 30분가량 의식을 잃었다. 의식이 돌아오자마자 나보다 나무가 걱정되어 병원을 찾았는데, 다행히 아기에겐 아무런 염려할 게 없단다.

엎드려 코 박고 있는 우리 나무, 팔다리가 이쑤시개처럼 나와 물방개처럼 파닥거리는 게 엊그제 같더니만, 오늘 보니 정말 많이 컸다. 기특한 우리 나무⋯ _ 2015. 10. 7. 수요일

남편과 함께 병원을 찾았다.

남편은 평소에 편한 차림으로 회사에 가는데 유독 나무를 만나러 갈 땐 늘 정장 차림이다. 아이를 대하는 진솔한 마음, 좋은 예비 아빠로서 그 심정이 나에게 온전히 전달된다.

"나무야, 정장을 입을 때의 아빠 마음이 어땠을지, 너 나중에 커서도 잊지 않았으면 좋겠어."

오늘은 나무의 성별을 듣는 날, 너무나 궁금해서 어떻게 이 시간을 기다려왔는지, 또 얼마나 떨렸는지 모르겠다. 진작에 나는 딸을, 남편은 아들이든 딸이든 상관없다고 했지만, 남편 역시 딸을 바란다는 걸 나는 안다. 하지만 아들, 딸 상관없이 우리 나무가 건강하기만을 바라는 마음이 최우선인 건 남편이나 나나 똑같다.

의사가 하는 말은 딸일 가능성이 큰데, 다음 내원 때 확실하게 말해준단다. 그 말에 나는 '그래, 딸이야.' 하고 내심 얼마나 기뻤는지 모르겠다. 나에게 어마어마한 사람, 온 우주를 업고 딸이 오는 것이다. ＿ 2015. 10. 22. 목요일

16주 차에 입덧은 끝난 거 같다. 그런데 하루 내내 추적추적 비 내리고 쌀쌀하더니 저녁을 먹은 뒤 심하게 아팠다. 화장실을 무려 6번이나 가고, 쓸개즙 같은 초록액까지 토해냈다. 평소 태아에게 아무런 해가 없다던 입덧 방지 주사를 혹시나 하는 마음에 절대 맞지 않았는데, 밤새 견디다가 결국 새벽에 병원에 갔다.

이제 나도 엄마가 되어가는지 이 세상 모든 엄마가 그렇듯

가는 길 내내 나보다 나무에게 아무런 해가 없길 기도했다. 뱃속의 나무에게 미안하고, 지극 정성으로 날 챙기고 보살펴주는 남편에게 감사하고 미안한 마음이 뒤섞인 복잡한 심경 속에 링거를 맞았다. ― 2015. 11. 7. 토요일

예전엔 여행을 다녀오면 남는 건 사진이라고 생각했다. 사진은 누구에게나 인생의 의미를 담는 일이고, 먼 훗날 희미한 기억을 또렷한 추억으로 소환하는 데에 사진보다 더 확실한 건 없을 것 같아서였다. 시골집 마당에 피어난 들꽃, 어떤 한적한 지방의 카페에서 노는 고양이나 커피맛 등을 사진 없이 어떻게 다 기억해 낼 수 있겠는가. 그런 생각과 함께 나무와 처음 여행길에 올랐다.

"우리 나무! 처음으로 비행기 탔어^^"

그리고 앞으로 나무가 '외할머니' 하고 부를 엄마와 함께 일본 북규슈로 가는 비행기를 탔다. 예비 손녀를 가진 딸이 못내

걱정되면서도 사랑스러웠는지 엄마는 비행 내내 내 배를 조심하라며, 예비 손녀 걱정에 여념이 없었다. 온천도 못하고 호핑투어도 할 수 없는 몸이라 오로지 나무만을 위해 고르고 고른 지역이다. 북규슈는 여러모로 힐링할 데가 많다. 이국적 풍경이 매우 뛰어나 인생샷 성지라고 불리는 후쿠오카 모모치 해변, 동화 속 마을로 여겨지는 유후인 온천마을 등이 있지만, 내 관심은 오로지 뱃속의 나무뿐이다.

하지만 막상 온천에 도착하자 나무에게 온천욕을 경험하게 해주고 싶었지만, 엄마가 "배가 뜨거워지면 나무가 힘들 수 있다." 하는 말에 발만 담갔다. 약간 서운하긴 했지만, 사랑하는 엄마가 온천을 즐기는 모습에 한결 마음이 넉넉했다. 나무 또한 따뜻한 내 발의 온기가 배까지 전해져 따뜻한 온기를 느끼겠지.

여행하는 동안 주로 보고 즐긴 건 나무와 물, 그리고 하늘 등 힐링할 수 있는 자연이었다. 출발할 때 마음먹은 건 오랜만에 엄마와 여행을 가니 엄마를 잘 모셔야겠다고 생각했는데, 막상 우리 나무에게 집중하는 시간이 많아져 엄마를 소홀히 대하지 않았나 하는 아쉬움도 컸다. 내가 우리 나무를 생각하

듯 엄마도 나를 그렇게 키우셨을 텐데…

 게다가 남편을 혼자 두고 온 게 마음에 걸렸다. 일 때문에 어쩔 수 없었지만, 밥은 제대로 먹고 있는지, 세탁된 옷을 입고 출근하는지 등등…

 "다음엔 꼭 아빠랑 함께 여행하자, 나무야." ㅡ 2015. 11. 9~11.

 물고기가 퉁! 하고 나의 배를 차는 느낌이 첫 태동이었다. 나무의 태동은 16주 차에 처음으로 느꼈지만, 그런데 이게 19주로 넘어오면서 눈으로도 확연하게 보일 정도로 강해지고 잦은 횟수로 나타났다. 이 모습을 동영상으로 찍어 태국으로 골프를 치러 간 남편이랑 엄마에게 전송했더니 약속이나 한 듯 똑같은 대답이 왔다.

 "우리 나무가 많이 컸구나!!!"

 산모인 나보다 나무에게만 관심을 보이는 대답에도 난 섭섭하기는커녕 기분이 좋은 건 왜일까? 또 얼마 전부터 허리가 아프기 시작했는데, 이 모든 게 아픔으로 여겨지지 않고 나무를 만나기 위한 축복의 과정이라 생각하니 그저 고마운 마음이 든다.

"오늘도 사랑한다. 내 아가야." __ 2015. 11. 15. 일요일

오늘은 11월 26일, 남편 생일이다.

우리 나무를 너무나 아끼고 사랑하는 남편의 생일을 맞이하여 태교도 할 겸 직접 남편을 위한 생일 케이크를 만들었다. 또 그날 나무를 보러 남편과 함께 병원에 가는데, 세상에! 첫눈이 내렸다. 차 안에서 내리는 눈을 보는데, 그냥 눈물이 흘렀다. 남편이 물었다.

"왜 그래?"

"너무 아름답고 신기해서요."

하늘도 첫눈으로 우리 첫 아가를 축하해주는 의미로 받아들이고 싶었고, 상서로운 첫눈은 소녀 때나 지금이나 구분 없이 언제나 나를 감성적으로 이끄는 마법이 있다는 생각이 든다. 정밀검사 결과 나무가 엄청나게 컸고, 모든 게 정상이어서 안도와 감사로 기쁜 날이 되었다.

"나무는 아빠 생일에 커다란 생일선물을 주었구나."

"엄마 배는 불룩하고 몸이 무거워서 일상에 조금 불편하지

만, 나무를 만나기 위한 축복의 과정이라 생각하니, 전혀 문제 될 게 없어. 사랑하는 나무야." ＿ 2015. 11. 26. 목요일

지난주부터 자연분만 요가교실을 주 1회 나가기 시작했다.

'우리 나무가 엄마 배 안에서 조금이라도 더 편하기를…'

'몇 개월 뒤 우리 나무가 덜 힘들게 세상으로 나오기를…'

이렇게 빌면서 아무리 힘들어도 동작 하나하나에 정성을 들인다.

"나무를 위해 기도하고 나무를 사랑하면서 너를 기다리는 가족들이 있어."

"그러니까 아무 탈 없이 건강하게 태어나자!!"

"이건 엄마와 첫 번째 약속이야."

"약속~~" ＿ 2015. 12. 13. 일요일

'그대가 곁에 있어도 나는 항상 그대가 그립다.'

류시화 시인의 이 시구를 오늘 배 속에 있는 나무에게 들려주었다. 내 말을 알아들었는지 우리 나무가 내 배를 쿵쿵 하고

몇 번 찼으니 아마 들은 모양이다. 그러면서 '나도 엄마 품에 있지만, 늘 엄마가 그리워요.' 하는 거 같았다.

'사랑시'를 읽어도 대상이 우리 나무로 바뀌고, 생활 속의 중요한 개념도 모두 우리 나무로 환치된다. 엄마가 되는 과정이란 이런 걸까? 나는 류시화 시인이 되어 나무와 대화를 시작했다.

내 안에 있는 이여!
내 안에서 나를 흔드는 이여!
물처럼 하늘처럼 내 깊은 곳 흘러서
은밀한 내 꿈과 만나는 이여!
그대가 곁에 있어도
나는 항상 그대가 그립다.

나의 낭송에 나무가 까르르 하고 웃는 듯했다. ― 2015. 12. 20. 일요일

뱃속의 나무와 함께한 지 6개월이 넘어 어느덧 한 해가 저

물어간다. 누군가와 끊임없이 대화를 이어간 이런 해가 나에게 있었던가. 우리 나무도 많이 컸지만, 나 또한 정신적으로 성장하고 품이 넓어진 한 해였다. 반면에 육체적으로도 힘들고, 정신적으로도 극과 극으로 부침이 심한 시간도 많았지만, 항상 그 중심에는 나무에 대한 태교와 산모로서 나에 대한 건강이 중요했다. 흔들리지 않고 피는 꽃이 없듯이 세상에 쉽게 얻어지는 건 없나 보다. 그리고 내년에 나는 엄마가 된다. 무엇보다 우리 나무와 얼굴을 맞댈 수 있게 된다. 기다려진다. 너무 기다려진다. 나의 사랑, 나의 그대, 나의 꿈인 우리 나무가 오늘따라 무척 보고 싶다. __ 2015. 12. 30. 수요일

2016년 병신년(丙申年) 새해가 되었다.

새해가 되면 무슨 해, 무슨 해 하는데 그런 거에 관심이 없던 내가 올해는 병신년인 걸 안다. 모두가 나무 덕분이며, 우리 나무는 원숭이띠가 된단다. 원숭이띠의 장단점을 검색해보고,

장점에는 미소와 확신이 들고, 단점에는 우리 나무는 아닐 거야, 라며 애써 믿지 않는다. 엄마로서 당연한 일이라고 생각하면서 그럴 때마다 우리 엄마도 그러셨겠지, 하는 생각이 들면서 가슴이 뭉클해진다. 우리 나무가 나를 가르치는 스승이 되어 나를 효녀로 만들고 있으니, 태교는 뱃속의 태아가 아니라 산모를 가르치는 과정인지도 모르겠다. 내가 중학교 때던가, 워즈워드의 시 〈무지개〉에서 '아이는 어른의 아버지'라는 시구를 보면서 고개를 갸우뚱했는데, 이제 나무를 통해서 고개를 끄덕이는 나를 보게 된다.

또한 새해 계획이란 걸 처음으로 세워보았으며, 이사 가는 것까지 포함하여 생각나는 대로 계속 보완해서 실천할 예정이다. 물론 우리 나무와 관련된 계획이지만 기대 반, 걱정 반인 생각 중에도 우리 나무가 빨리 보고 싶다.

"나무야, 엄마가 보고 싶어도 시간 맞춰 나와야 한다^^"

"이건 엄마와 두 번째 약속이야."

"약속~~"__ 2016. 1. 3. 일요일

몸이 지치고 하루하루가 힘든 날의 연속이라 우리 나무에게 전해줄 일기장을 펼칠 힘도 없다. 정신력으로 버텨보지만 몸이 힘들면 정신력에도 한계가 있는 모양이다. 다리와 손, 얼굴 등 온몸이 붓고 부기가 잘 빠지지 않으며, 피부 트러블과 함께 머리카락도 많이 빠진다. 단백질과 칼슘이 나무에게 가느라 생기는 현상이라는 말에 위안받으면서도 몸은 괴롭기 한이 없다. 골반 통증에다 다리에 쥐가 나고, 소화불량까지 거의 종합병원이 따로 없다. 우리 나무를 만난다는 희망과 남편의 위로가 담긴 말이 나에게 유일한 치료제이자 버팀목이다.

"나무야, 엄마가 최선을 다해 버티고 있으니까, 너도 잘 버텨야 해."

"이건 엄마와 세 번째 약속이야."

"약속~~" _ 2016. 2. 23. 화요일

드디어 3월이 되었다. 아니, 봄이 왔다.

스르르 언 땅이 녹아, 새 생명이 움트는 봄이 왔다. 봄은 강요하지 않는다. 굳은 땅과 꽁꽁 언 강이 스스로 마음을 열고 녹을 뿐이다. 내겐 우리 나무가 봄이고, 봄바람이며, 봄꽃이다. 창문을 활짝 열어 완연한 봄 공기를 마셔본다. 이제는 정말 나

무 만날 날이 머지않은 거 같다. ＿ 2016. 3. 2. 수요일

그동안 나와 남편은 단 하루도 나무 이야기를 하지 않은 날이 없었다. 태어날 때 눈, 코, 입은 어떻게 생겼을까부터 손과 발은 얼마나 앙증맞은지, 엄마와 아빠 쪽 중에서 과연 누구를 더 닮았는지, 우리가 나무를 어떻게 예쁘게 키울지까지 설렘 가득한 기대와 희망을 꿈꾸었다.

그래서 그 시작으로 우리 부부는 오롯이 나무를 위해 새집으로 이사를 하기로 했다. 햇볕이 잘 드는 집, 통풍이 잘 되는 집, 나무가 잘 때 아무런 방해 없는 소음이 적은 집, 자연이 가득한 집에서 따뜻한 벽지가 감싸주는 방을 꾸미기로 했다. 또 나무가 조금 더 크면, 아이의 안전과 편안함을 최우선으로 고려한 집이어야 했다. 우리 나무가 무엇보다도 안전한 환경에서 자유롭게 놀고 탐구할 수 있는 공간이 필요하므로 세심하게 살펴봐야 했으며, 그중에서 특별히 아이를 위한 친환경의 예쁜 집으로 선택하였다. ＿ 2016. 3. 5. 토요일

이제 다음 주나 다다음 주면 우리 나무를 만날 수 있을 것 같다. 처음으로 세상에서 만날 나무 생각에 하루하루 설레고 떨린다.

"그래, 사랑스러운 우리 딸! 언제든 좋으니 나오고 싶을 때 건강한 모습으로 만나자." ― 2016. 3. 16. 수요일

둘, 나무의 탄생, 생명의 신비

　오늘은 평소와는 다른 진통이 지속되었다.

　남편에게 혹시 모르니 병원에 가자고 했고, 병원 도착 후 여러 가지 검사와 함께 입원 절차를 밟았다. 그런데 담당 주치의는 유도분만을 권유했다. 두려움 반, 설렘 반으로 두근거리는 가슴을 안고 24시간 물 한 모금 먹지 않고 금식하면서 누워 진통했다.

그렇게 하루 이상 먹지도, 자지도 못한 채 나무를 기다렸는데, 갑자기 나무의 심박수가 현저하게 떨어졌다. 불안한 생각에 머리와 가슴이 터져버릴 것 같아서 응급으로 수술하자는 의사 말에 더 생각할 것도 없이 울면서 애원했다.

"빨리, 제발 내 아기를 살려주세요."

그렇게 2016년 3월 25일 저녁 7시 40분, 응급수술로 우리 나무를 낳았다.

드디어 나의 아기, 나의 나무가 세상에 나온 것이다.

마취에서 깨어나자마자 아기는 괜찮은지부터 물었다. 아기는 괜찮고 건강하다는 답을 듣고서 비로소 나는 안도할 수 있었다. 그러나 수술받은 몸이라서 태어난 직후의 우리 아기를 볼 수 없었다. 남편은 탯줄을 자르며 울었다고 했다. 게다가 탯줄이 "보석같이 투명하고 영롱했다." 하는 말도 덧붙였다. 너무나 우리 아기가 보고 싶다. ㅡ 2016. 3. 25. 금요일

나는 26일이 되어서야 아기를 만날 수 있었다.

나의 일성은, 다음과 같았다.

'아! 참 작다.'

'이게 너로구나.'

이런 상황에서 그 어떤 표현을 할 수 있을까? 그저 감동, 그리고 감사함만 있을 뿐이었다. 내 생명을 나눠준 아기를 보면서 다짐한다.

"강한 엄마가 될게."

"너를 위해 최선을 다하며 살게."

"우리 앞으로 잘해보자."

다짐에 다짐을 더하는 의연하고 꿈같은 날이었다. ㅡ 2016. 3. 26. 토요일

생명이란 과연 무엇일까?

내가 만삭이었을 때 친정에 가니 산호수 화분이 있었다. 너무 예쁜 나머지 화분에 산호수 줄기를 꺾꽂이해 왔다. 그리고 그 줄기들을 집에서 수경재배로 키웠는데, 두 달 가까이 지났는데 뿌리를 내리지 않았다. 내가 뭘 잘못했나, 하고 고민만 하다가 말았다. 그런데 나무를 낳은 후 병원에서 돌아왔을 때 뿌리도 많이 내리고, 하얀 꽃까지 피우고, 열매도 맺혀 있었다.

너무 신기했다. 우리 나무 탄생을 모든 생명체가 축복해주는 기분이 들었다. 생명은 상호교감을 하는 게 아닐까 하는 생각이 들기도 한다. 또 한편으로는 내가 너무 우리 나무를 중심으로 생각하는 거 같기도 하다. ― 2016. 4. 10. 일요일

바람 많이 불어도 맑아서 좋은 날이다.
지난 4월 14일 목요일은 나무가 태어난 후 삼칠일이 되는 날이었고, 그다음 날인 4월 15일 금요일은 남편과 주민센터에 방문하여 나무의 출생신고를 했다. 이름은 '임하라', 순수한 우리말로 할아버지가 예쁘게 지어주셨는데, 나 또한 아기의 이름이 참으로 마음에 들었다. 이름을 여러 가지로 해석할 수 있어 상상력을 불러일으키고, 발음이 쉬워서 누구나 기억하기 좋은 이름이며, 글로벌 시대에 어울리는 이름이다. 사실 이름은 자기 것이지만, 사용은 남이 하는 것이기에 외국의 긴 이름이나 발음이 어려운 이름은 불친절한 이름이거나 자기를 부르지 말라는 뜻이나 마찬가지일 것이다.
"우리 Im Hara! 건강하게 자라자!"

하라가 태어난 뒤 모든 게 달라졌으며, 오롯이 하라를 위한 시간만 있는 삶이 나에게 펼쳐졌다. 눈에 밟힌다는 표현이 무엇인지, 눈에 넣어도 아프지 않은 내 새끼란 말이 뭔지 아는 엄마가 되었다. __ 2016. 4. 17. 일요일

생후 33일째, 2시간에 1번씩 수유 중이다.

나무를 겨우 재우고 글을 적는데, 자꾸 신경이 쓰여 눈길이 간다. 아, 그래서 아기가 태어나면 여자는 아무것도 못한다고 하는 말이 있나 보다. 그런데 아기 키우는 일보다 더 중요한 일이 있나, 하는 생각도 든다. 또 뱃속의 태아 때부터 나무라고 부르며 대화해서 하라라는 이름이 아직 내 입에 잘 붙지 않아서 당분간 편하게 나무로 부르기로 했다.

어제는 나무에게 B형 간염 예방접종을 하고 돌아왔다.
"너무나 아팠지? 엄마 마음도 너무 아팠어."
행여 아기가 아팠을까봐 걱정스러운데, 집에 와서도 아픈지 종일 보채는 우리 딸. 그럴 때마다 미어지는 내 심정은 애가 닳는다. 내가 아기였을 때, 우리 엄마도 그랬겠지, 하고 생각하

니 눈물이 핑 돈다.

　출산 후로 시간이 훅훅 지나가는 기분이라 하루가 너무 짧다. 마음은 매일 일기를 쓰고 싶은데, 초보 엄마라 시간 관리가 어려워서 정신없는 하루를 보내기 일쑤다. 그래도 밤이 되어 딸에게 길게 인사를 해본다.
　"사랑하는 나의 보물 나의 딸! 너무 조그맣게 태어나서 걱정이 많았는데, 잘 먹는 우리 딸이 너무나 고마워. 오늘밤은 깨지 말고 푹 잘 자렴, 아가야." ― 2016. 4. 26. 화요일 새벽 2시

아가에게

　아가, 너를 품에 안고 작은 숨결 느낄 때마다
　내 마음은 파도처럼 출렁인단다.

　네 작은 손가락, 살짝 쥐고
　잠든 모습 바라볼 때마다
　내 세상은 온통 너로 물들어.

조용히 눈 감고 꿈꾸는 너를 보며

난 다시 태어난 듯 새로워지는구나.

아가야, 너는 나의 빛, 나의 세상

너의 울음소리, 작은 몸짓 하나에도

내 마음은 매일 사랑으로 가득하고,

네가 있어 엄마는 완전해져.

나무야, 엄마는 언제나 너를 사랑해.

"잠든 너를 바라보다, 넘치는 행복으로 엄마가 시를 썼단다." ― 2016. 5. 15. 일요일 새벽에

내일 비가 올 거라고 하더니 정말 날씨가 좀 흐렸다. 그런데도 나는 나무로 인하여 매일 맑음이다. 딸 바보가 된 걸까? 하긴 나도 그렇지만 요즘 남편을 보면 우리 부부가 확실하게 딸 바보임을 느낀다.

우리 나무가 이제는 엄마, 아빠를 알아보는 것 같다. 유난히 잘 웃고 욕조에서 노는 걸 어찌나 좋아하는지, 그런 모습을

볼 때마다 나는 웃음을 참을 수 없다. 그뿐만 아니라 요즘 들어 자주 옹알이하는데 그중 "엄마"라는 말이 뚜렷하게 들릴 때마다 내 심장이 요동친다. ― 2016. 6. 14. 흐린 화요일

"나무야, 너 낳고 병원에서 집으로 돌아왔을 때 활짝 피어 너의 탄생을 축하해준 산호수 꽃잎을 코팅지에 넣었어. 너에게 주는 엄마의 아주 작은 선물이야." ― 2016. 6. 20. 월요일

오늘은 사랑하는 나의 딸 나무가 태어난 지 100일이 되는 날이다. 가족들이 우리 나무를 보려고 다들 일찍부터 우리 집에 오셨다. 나는 나무의 100일 상을 꽃으로 가득 채워주고 싶어서 아침 일찍 꽃시장을 다녀왔다. 그리고 내 정성을 담아 하나부터 열까지 직접 100일 상을 꾸며주었다. 가족도 모두 진심으로 나무의 100일을 축하해주었다. 손님 접대로 피곤한 날

이었지만, 우리 나무가 100일을 맞은 기쁨에 힘든 줄도 모르고 하루가 지나갔다.

"오늘의 주인공! 우리 딸 나무야, 그동안 엄마, 아빠를 웃게 해줘서 너무 좋았고, 단 한 번도 아프지 않고 건강하게 자라줘서 너무나 고마워."

"앞으로도 건강하고 밝은, 그리고 씩씩한 우리 딸이 되기를 기도할게."＿ 2016. 7. 2. 토요일 우리 딸 100일에

태어난 지 105일째 되는 날, 나무가 첫 뒤집기를 하였다. 물론 그전부터 혼자 좌우로 왔다 갔다 하고, 오뚜기처럼 누워서 뒤뚱대기는 했다. 그런데 내가 설거지하는 와중에 쿵! 소리가 들려서 뒤돌아보니까 나무가 놀이 매트 밖으로 빠져나와서 대리석 바닥에 엎드려 있는 게 아닌가. 그것도 나를 빤히 쳐다보면서 말이다. 다행히 다친 데는 없었지만, 이 광경에 너무 놀라고 신기하면서도 마냥 예쁘고 기뻤다.

"엄마가 앞으로 조심해야 할 게 하나 더 생겼네, 예쁜 나무야."＿ 2016. 7. 7. 목요일

우리 나무가 태어난 지 115일째 되는 날.

나무가 요즘엔 힘 하나도 들이지 않고 툭하면 뒤집어서 나와 남편의 체력이 바닥나게 생겼다.

'여자 유도선수가 되려나? ㅎ'

그래도 너무너무 귀엽고 갈수록 예쁜 나무를 보면 행복이 저 멀리 있는 게 아니라는 생각이 들었다. 마더 테레사의 명언이 생각난다.

'당신이 평온과 행복을 찾았다면 누군가 질투할 수도 있다. 그래도 행복하게 살아가라.'

나 역시 이 순간 너무도 행복하여 누군가 질투하면 어쩌지, 하는 두려움이 있긴 하다. 하지만 그녀의 말처럼 계속, 아니 영원히 이 기쁨과 설렘대로 행복하게 살고 싶다.

"옹알이도 잘하고 기특한 짓만 골라 하는 사랑하는 내 딸."
__ 2016. 7. 17. 일요일

나무가 이유식을 시작하였다.

다행스럽게도 가리는 거 없이 잘 먹고 있다. 며칠 전에는 고기도 먹었다. 여태 먹은 이유식 중에 감자, 소고기가 들어간

걸 좋아했고 가장 인기가 없었던 건 단호박이다. 달콤할 텐데 왜 좋아하지 않았을까, 하는 의문이 들면서 처음엔 우왕좌왕했지만, 이제는 할 만하다. 그리고 이젠 이유식에 고기가 꼭 들어가야 우리 나무가 잘 먹는다는 걸 안다. 이건 뭐, 순전히 나무의 취향이니까.

아기의 취향을 존중하는 게 바로 가정 속 민주주의 시작이다.

- 내 생각 중에서

"나무야, 품질 좋은 고기로 엄마가 최선을 다해 만들어줄게."__ 2016. 8. 30. 화요일

나무가 태어난 후로 처음으로 비행기를 타고 제주도를 다녀왔다. 비행기 안에서 꽤 울었지만, 별 탈은 없었다. 호텔 수영장 따뜻한 물에서 물놀이도 하고, 맛있는 음식도 먹으면서 재미있게 놀았다. 그런데 그런 나무가 제주도를 다녀오자마자 처음으로 감기에 걸렸다. 콧물도 엄청 심했고, 미열도 있다가

겨우 1주일 만에 나았다. 놀라고 당황스러웠지만, 다 나아서 고맙기만 했다.

"나무야, 그동안 고생했지? 엄마, 아빠가 얼마나 걱정했는지 몰라. 이제 아프지 말고 건강하게 자라자." __ 2016. 9. 20. 화요일

오늘은 하라에게 빳빳한 종이를 주었다.

한참을 구기며 갖고 놀자, 종이는 한지처럼 부드럽고 보드라워졌다. 이 종이도 내겐 너무 소중해서 버리지 못하고 망설이다가 영구 보관하기로 했다.

"나중에 우리 나무가 이 종이를 보면서 엄마 맘을 알지 모르겠네." __ 2016. 10. 3. 월요일

나무가 태어난 지 300일째 되는 날이다.

시간이 어떻게 가는지 나무를 출산한 뒤로 매일 정신없이 보내고 있다. 아무래도 내가 경험한 것 중에 육아가 제일 힘든 거 같다. 체력 소모도 그렇고, 정신적으로도 에너지가 많이 소비되는 육아는 정말 힘든 일이다. 그래도 우리 아기, 나무와 함께하는 요즘이 제일 행복하다는 생각에는 변함이 없다. __ 2017. 1. 18. 수요일

최근에 나무는 윗니 4개, 아랫니 3개 총 7개의 치아가 나왔다. 그뿐만 아니라 혼자 오래 서 있을 수도 있고, 두세 걸음 정도는 스스로 걷기도 한다. 친정엄마 말로는 내가 아기였을 땐 매우 얌전했다고 한다. 나 스스로 생각해도 그랬던 거 같다. 하지만 나무는 아빠를 쏙 빼닮았는지, 말괄량이에 호기심이 가득한 아이인 거 같다. 너무나 사랑스럽다. __ 2017. 1. 20. 금요일

오늘은 나무가 태어나서 처음으로 맞이한 구정 설날이었다. 곱게 한복을 입고 할머니들한테 세뱃돈도 받았다. 그래서 조만간 나무 이름으로 통장을 개설해서 할머니들께서 주신 세뱃돈

을 저축하려고 생각했다.

"우리 나무가 은행 고객이 되겠네. 엄마가 축하해." ＿ 2017. 1. 28. 토요일 설날

최근에 난 다시 일을 시작했지만, 나무를 낳은 뒤로 모든 꿈이 바뀌었다. 이젠 오롯이 나무 생각뿐이다. ＿ 2017. 1. 29. 눈 내리는 일요일

정말이지, 시간이 훅훅 지나간다. 그런데 머릿속에는 온통 육아, 육아, 육아, 나무에 관한 계획과 생각들뿐이다. 나무는 아랫니 1개가 추가로 나와서 총 8개가 되었다. 갓 태어났을 땐 엄청나게 작고, 잘 울지도 않고, 순둥순둥했는데 요즈음은 천방지축, 말괄량이, 호기심쟁이, 그리고 떼쟁이가 따로 없다. 게다가 체중도 점점 늘고, 떼쓰는 일도 늘면서 힘도 더 들어 그만 오늘 나무에게 화내고 혼도 냈다. 그리고 미안한 마음에 나무에게 편지를 썼다. 그런데 이상하게도 나의 '행복지수'는 점점 올라가는 중이다.

나무에게

나무야, 엄마가 매우 서툴고 부족한 초보 엄마라 미안해. 나무가 너무 떼가 심해서 나도 모르게 화내고 혼냈어. 아니 혼냈다는 건 핑계고 엄마가 화가 나서 화풀이를 너에게 한 거 같아. 물론, 네가 다칠까봐 걱정되는 마음도 컸지만, 엄마는 아직도 이렇게 부족하구나. 좋은 엄마가 되고 싶어서 육아서적도 열심히 읽고 있는데 말이야. 어떤 이유로도 엄마만큼은 너에게 상처를 주면 안 된다고 생각해. 그래서 더 미안하구나.

나무야, 오늘이 경칩이래. 작년 이맘때 이사 왔을 때를 생각하면 낯설면서도 좋고 설렜단다. 그때 네가 엄마 뱃속에 있을 때라서 더 그랬을 텐데 지금 기억에도 아련하네. 아까 저녁부터 봄비가 내리고 있어서 아직은 추워. 그래도 넌 참 좋은 계절, 참 좋은 날에 태어났어.

- 사랑하는 나무에게 미안한 엄마가

20일 뒤면 나무가 세상에 나온 지 딱 1년이 되는 날이 온다. 모든 게 감사하고 아직도 실감이 나지 않아 눈물 흘리는 날이 늘었다. __ 2017. 3. 5. 일요일 밤 11시요즈음 17개월밖에 안 된 딸이 나를 위로해주고 있다.

내 말을 거의 다 알아들어서,

"TV를 가까이에서 보지 말고 뒤로 가."

"의자에 앉아."

"배고파?"

"물 줄까?"

그 외에도 화장실 용어와 목욕 용어도 다 알아듣고, 사물뿐만 아니라 기분까지 표현하고 있다. 그리고 나의 감정까지 눈치로 아는 건지 반응하고 있어 너무 신기하다.

저번 주 화요일이었다. 내가 속상한 일이 있어 혼자 소리 없이 울고 있었는데, 나무가 다가와서 내 목을 끌어당기더니 꼭 껴안는 게 아닌가? 심지어 토닥토닥하며 내 등을 두드려줄 때 난 감격에 겨워 더 울고 말았다. 표정 또한 "울지 마. 내가 있잖아, 엄마. 나보고 웃어." 하고 말하며 날 위로하는 듯했다. 설마, 이게 꿈은 아니겠지.

"아! 내 딸, 나무야!" __ 2017. 9. 1. 금요일 새벽 1시 35분

안 좋은 생각이지만, 요즘 들어 가끔 나는 나무와의 추억을 언제까지 쌓을 수 있을까, 하곤 생각한다. 나무가 태어난 뒤로는 내 가슴, 내 머릿속엔 온통 나무 생각뿐이다. 그러니 정말 건강하게 오래오래 우리 딸, 나무를 보면서 살고 싶다.

나무가 태어나고 벌써 두 번째 가을이다. 가을은 우리가 무엇을 이루었고, 이루지 못한 것이 무엇이며, 그리고 앞으로 무엇이 하고 싶은지를 생각하게 하는 계절이다. 또한 가을은 두 번째 봄이다. 모든 잎이 꽃이 된다. 가을은 한 해의 마지막 미소이다. 가을은 나무가 자기 잎을 포기하는 계절이다. 가을은 모든 생명의 가장 큰 휴식 시간이다.

그런 올가을에는 나무와 함께 예쁜 낙엽길도 걷고 싶다. 그래서 이 해가 가기 전에 나무와 예쁜 추억을 쌓고 싶다. 내일은 나무가 좋아하는 외할머니댁에 갈 계획이고, 식당에 가서 갈비도 먹을 예정이다. 그리 생각하니 별거 아닌 일상들이 나무 하나로 인해 나를 비롯한 모든 식구가 다 행복해하고 있음

을 느낀다. __ 2017. 10. 23. 월요일

　　토요일이라 우리 나무가 너무나 좋아하는 동물원에 갔다. 7월에 다른 동물원에 갔을 때와는 너무 다른 모습이었다. 햄스터를 특히나 좋아하고, 육지 거북이도 용감하게 만지는 나무는 호기심도 강하고 집중력도 뛰어난 참 씩씩한 아이다. __ 2017. 11. 25. 토요일

　　앞으로 우리 딸 이름을 '나무' 대신 원래 이름인 '하라'라고 부르기로 했다. 나무와 함께 문화센터를 다닌 지 3개월째 되었는데, 그 기관에서 나무라는 태명이 아니라 이젠 정식 이름으로 부를 텐데 나무가 헷갈릴 거 같아서 내가 미리 '하라'로 불러서 익숙하게 만들어줘야 한다.
　　오랜 기간 입에 붙었던 나무는 이제 추억으로 돌리고, 정식 이름인 '하라'라고 부르니 처음에는 어색했지만 어쩌랴? 앞으로 열심히 부를 수밖에. __ 2017. 12. 2. 토요일 새벽 2시

하라가 최근에 말이 많이 늘었다.

표현력도 늘었고, 감정표현(특히 표정)도 풍부해지고, 자기주장도 점점 확실해지고 있다. 오늘따라 더욱 예쁜 모습으로 자는 딸의 모습을 보면서 내 생각을 하나 말해주었다.

"엄마는 하라가 너무 예뻐서 오롯이 하라만으로도 충분하지만, 너의 동생을 낳을 생각을 갖게 되었어. 먼 훗날 하라 혼자 있으면 외로울 테니 너와 동생이 서로에게 가장 큰 선물이자 우애 깊은 형제가 되어주었으면 해서, 그렇게 결심하게 되었어. 우리 하라도 동생이 생기면 얼마나 좋아할지 궁금하네."

"잘 자, 내 사랑, 나의 전부." ― 2017. 12. 4. 월요일

하라가 요즘 가장 좋아하는 놀이 중 하나는 그림그리기다. 처음 펜으로 그림을 그리기 시작할 때 아무 의미 없는 듯한 낙서를 막 하더니, 그다음엔 크게 그림을 그리기 시작했다. 특히, 어렵다는 동그라미를 예쁘게 잘 그리더니 최근에는 별 모양, 하트 모양을 비슷하게 그렸다. 그뿐만 아니라 어제부터 흐리게, 마치 스케치하듯 선을 긋기 시작했다. 또 전에는 칠판에 큰 그림 낙서만 했는데, 갈수록 점점 작고 자세하게 그림을 그린

다. 이런 하라를 보니 그저 뒤에서 바라보기만 해도 감격스럽다. __ 2018. 1. 5. 금요일

Dear 하라

예쁜 우리 딸, 하라야.

미술이든, 음악이든 각자 드는 느낌, 생각들은 다르잖아. 햄스터를 바라보는 지금의 우리 하라 반응과 엄마 반응이 다른 것처럼 말이야. 엄마는 너를 낳기 전까지 베토벤과 용재 오닐의 비올라 연주, 특히 무겁거나 새벽 감성이 몰려드는 느낌의 연주곡을 즐겨 들었어. 그런데 지금은 오롯이 너의 영향으로 음악 취향마저 바뀌었단다. 총총거리는 박자의 발레바 음악들이 너무나 좋고, 오페라 역시 종일 들어도 좋아. 그리고 슈베르트의 가곡 '송어'는 우리 딸이 태어나서 가장 많이 엄마가 흥얼거린 음악이야. 너에게 어떻게 느껴질지 모르겠지만 용기와 희망이 느껴지는 송어를 추천할게, 꼭 나중에 들어봐.

미세먼지가 최악이라 하라의 외출을 금지했다. 당연히 문화센터도 가지 않았다. 우리가 어렸을 때도 미세먼지가 있었을까? 아니 이런 용어를 사용했을까, 하고 생각하니 어처구니가 없다. 창문을 열고 환기하고 싶은데, 미세먼지가 너무 심해 아예 열지도 못한다. 밖이라면 마스크라도 쓰면 되지만, 집 안이라 이러지도, 저러지도 못한다. 생각할수록 정말 답답한 일이다. 나도 갑갑한데 하라는 오죽할까?

게다가 요즘 하라는 잠들기 전 잠투정도 심하고, 새벽에도 자주 잠에서 깬다. 소리도 크게 지른다. 그 이유를 모르겠고, 내가 어떻게 해야 하는지도 모르겠다. 인터넷을 찾아봐도, 책을 뒤져봐도 모르겠으니 너무 답답하고 미안한 마음만 드는 요즘이다.

"오늘 많이 놀아주지 못해 미안해, 하라야."

"우리 하라에게 항상 최선을 다하는 엄마가 되도록 노력할게."

"하라야, 엄마와 함께 힘내자!" __ 2018. 1. 15. 월요일

누군가 아이를 기르는 건 '춤을 추는 것'과 같다고 한다. 어떤 때는 껴안아주거나, 잡아주어야 하고, 그리고 나선 또 풀어주어야 한다고 말한다. 그만큼 천방지축인 아이를 키우는 게 어렵다는 말이다.

하라와 춤을 추지는 못해도 오늘은 하라와 함께 놀기 위해 도구를 준비했다. 큰 건 아니지만 하라가 엄청나게 좋아하는 미끄럼틀과 주방 놀이기구 두 가지를 대여했다. 특히 주방 놀이기구는 초등학교 입학 전까지도 잘 갖고 논다고 해서 이사하면 예쁘고 좋은 것으로 사줄 생각이다. 그런데 실제 주방놀이의 절반 이상은 내 역할이다. 함께하다 보면 외려 내가 지칠 때가 많다. 그렇다고 하더라도 하라와 함께하는 놀이는 여전히 즐겁다.

또 하라의 언어 발달이 점점 더 빨라지는 중이다. 습득 속도도 굉장히 빨라 '기린' 발음이 잘 되지 않았는데 이젠 명확하게 한다. 이럴 땐 책이 제격이다 싶어서 책 전집을 사다 주었지만, 책 전집을 계속 사다가는 집이 도서관이 될 듯하여 요즘엔 대여를 하기 시작했다. 그리고 하라가 요즘 가장 자주 하는 말은 "싫어"이다. 자세히 관찰하니 온종일 '싫어'를 입에 달고 사는 것 같다.

"우리 하라야, 엄마가 정말 걱정된다."__ 2018. 1. 24. 수요일

오늘 문화센터 갔다가 돌아오는 차 안에서 하라가 너무 오래 소리를 지르고 떼를 썼다. 차 안 좁은 공간에서 고함을 오래 듣고 있으니 내가 그만 이성을 잃고 소리를 지르고 화를 내고 말았다. 그리곤 집에 돌아와서 하라를 껴안고 엉엉 우는데, 하라가 내 눈물을 닦아주며 같이 엉엉 우는 게 아닌가. 그러더니 언제 그랬냐는 듯 내게 뽀뽀를 연속해서 했다. 이토록 사랑스럽고 애교 많은 내 딸에게 내가 못난 엄마, 나쁜 엄마가 된 거 같아 후회를 거듭하는 하루였다.

"하라야, 오늘 엄마가 잘못한 일은 평생 잊지 못할 거 같아, 미안해."__ 2018. 1. 29. 월요일

아침에 일어났더니, 하라가 종이 기린을 흔들 목마의자에 세워두고 자기가 좋아하는 베개와 이불을 의자 위에 함께 올

려두었다.

"우리 하라가 기린한테 잘해주고 싶었구나^^"

동물과의 교감은 어린아이의 정서를 풍부하게, 그리고 살찌게 한다는데, 종이 동물이 아닌 진짜 동물과 교감하러 다시 동물원에 데려가야겠다. ㅡ 2018. 1. 31. 수요일

하라가 그렁그렁해서 콧속에 코딱지가 걸려 있나 생각했는데, 새벽에 보니 투명한 콧물을 줄줄 흘린다. 다행히 열은 없다. 양파를 썰어서 하라가 잘 때 머리 위에 두었다. 양파 성분이 공기 중 나쁜 물질을 빨아들인다더니 효과가 좋은 듯해서 오늘밤 역시 양파를 썰어 머리맡에 둬야겠다. ㅡ 2018. 2. 1. 목요일

오늘은 하라가 문화센터에서 1분도 집중하지 않아서 너무 힘들었다.

"하지만 괜찮아, 하라야. 엄마는 네가 다른 아이들보다 호기심과 공간탐색 능력이 뛰어나서 그런 걸로 생각할 거야."

과연 집에 와서 하라가 자석 블록을 꺼내어 똑같은 모양끼리, 똑같은 크기끼리 탑을 혼자 쌓는 것을 보고 감탄하지 않을 수 없었다. 또 요즘 들어 하라는 말귀를 참 잘 알아듣는다. 언어 이해력이 크게 좋아진 거 같다. 예를 들어 "서랍장 안에 말고, 서랍장 위에 올려진 기저귀 좀 갖다줘"라고 부탁하면 척척 갖다준다. 이러니 어떻게 하라가 예쁘지 않을 수 있을까. __ 2018. 2. 5. 월요일

문화센터에서 사람들이 다 쳐다볼 정도로 하라가 떼를 쓰는 바람에 내가 너무 힘들어서 집에 와서 울었다. 오후에 하라가 분수토를 했다. 그런데 샤워시킬 때 입술색이 푸르스름하게 좋지 않았고, 체온은 35.5도로 매우 낮았다. 그러다 밤에 열이 39도까지 올랐고, 새벽 1시에 또 토하고 설사했다.

당연히 한숨도 못 잔 채 걱정과 염려로 밤을 새우고 아침 7시 30분 병원에 가려고 준비해서 나왔다. 계속 칭얼대는데 병

원에서 장염이라 한다. 아! 그래서 어제 아파서 떼썼던 거구나, 하고 생각하니 마음이 너무 아프다.

"엄마가 이렇게 모자라다, 하라야. 미안해."

집으로 돌아와 밥을 못 먹는 딸을 위해 정성을 다해 찹쌀죽을 쒀서 겨우 먹였다. 너무 안쓰럽다. 세상 모든 엄마의 마음은 같은 거다. 아이가 아플 땐 엄마인 내가 대신 아팠으면 하는 생각으로 안절부절못한다. 그런데 난 아이가 아픈 거도 모르고 떼쓰는 데에만 신경을 쓴 못난 엄마다. ㅡ 2018. 2. 19. 월요일

건강이 회복된 하라는 요즘에 말하기 능력에 관하여 재능 대폭발이다. 일일이 다 적고 싶은데 너무 많아서 생각이 안 날 정도다. 온종일 쫑알쫑알, 한 차원 높은 단어와 문장을 구사하는 하라와 대화하는 시간이 너무나 행복하고 즐겁다. ㅡ 2018. 2. 21. 수요일

아침부터 엄청나게 아팠다.

하라를 임신했을 때도 5주쯤부터 입덧을 했는데 둘째 임신

후에 오늘이 가장 힘들다. 하라를 케어하기 힘들 정도로 물만 먹어도 구토가 나오면서 오전 내내 아무것도 못 먹어서 고생했는데, 오후에 뜻밖의 좋은 소식이 왔다. 입소자로 선정되기 어렵다던 어린이집에서 전화가 와서 얼른 입소 신청을 하고 왔다. 오는 3월 2일부터 하라는 어린이집에 다니게 된다는 사실에 언제 이렇게 컸는지부터 잘 적응할까, 하는 고민까지, 다행이다 싶으면서도 마음이 복잡하다. ― 2018. 2. 22. 목요일

오늘은 처음으로 하라가 치약을 사용한 날이다.

딸기향이 폴폴 나는 무불소 치약을 묻혀서 칫솔질을 해주는데, 놀랄까봐 조심조심 정성을 다했다. 앞으로 어린이집 가면 칫솔질을 한다고 하길래 미리 연습할 겸, 또 이젠 스스로 칫솔질도 시작해야 하기 때문이다.

"치카치카. 잘한다, 우리 하라."

"치약은 삼키지 말고 칫솔질 후 잘 헹구는 거야." ― 2018. 2. 24. 토요일

3월 3일 산부인과에 입원하여 3월 5일 저녁에 퇴원하였다. 뱃속의 둘째에게 유산기가 보여 수술해야 한단다. 이틀 동안 누워서 링거를 맞으며 불안함과 두려움에 울기만 하였다. 더구나 둘째는 주사 시술을 받으며 조금 어렵게 임신한 아이다. 다행히 수술하지도 않고 몸이 안정되어 무사히 퇴원할 수 있었다. 집에 돌아와 우리 하라를 며칠 만에 보니 더 크고 더 예뻐졌다. 말도 늘어 깜짝 놀랐다.

　　"하라야, 며칠 동안 너무 보고 싶었고, 미안했어." ㅡ 2018. 3. 5. 월요일

　　하라가 아빠랑 목마 타고 놀다가 팔이 빠져서 응급실에 갔다. 뼈를 맞췄는데 집에 와서도 계속 아프다고 해서 재차 응급실에 가서 팔에 반깁스했다. 아프다고 칭얼대는 그 모습을 보니 너무 안쓰러워 달래다가 우리 가족은 새벽 4시가 되어 잘 수 있었다. ㅡ 2018. 3. 6. 화요일

며칠 후 집에서 반깁스를 풀었는데 하라가 아프다고 해서 병원에 갔더니 X-ray 결과가 문제없이 나와 다 나았다고 한다. 사고 당시에 아팠다는 표현인 것 같다는 의사 선생님의 말씀에 그제야 안도의 한숨을 쉬었다.

"하라야, 많이 다치지 않아서 얼마나 다행인 줄 몰라." _ 2018. 3. 8. 목요일

아이의 말은 세상을 맑게 한다. 또한 아이의 말은 어른들 세계와 사뭇 다른 그들만의 언어 체계가 존재한다. 김은주 작가의 에세이집 〈아이들의 말에선 맑은 방울 소리가 난다〉를 읽고 우리 하라가 연상되는 부분이 많았다. 아이들의 말을 통해 '아이들이 바라보는 세상'을 그려낸 이 수필집으로 하라를 보니 과연 그런 것 같다.

아이를 키우는 사람이라면 일상생활에서 아이들이 보고 듣고 느낀 것을 말하는 것을 듣고는 놀랄 때가 있을 것이다. 왜냐하면 아이들의 무한한 상상력을 엿보게 되기 때문이다.

"이건 뭐야?"

"어? 신기해."

"아잉, 무서워."

"엄마 아빠, 싸우면 안 돼."

"어훙, 사자가 코끼리를 앙, 하고 물었어."

"친구랑 사이좋게!!"

내가 집에서 하루에 20권 넘게 책을 읽어주는 덕을 보는 건지, 하라는 말을 종알종알 참 조리 있게 잘한다. 하라의 입에서 정말 맑은 방울 소리가 나는 것 같다.

"똑순이, 우리 딸." __ 2018. 3. 10. 토요일

남편과 함께 하라를 데리고 처음으로 '국립 4.19 민주 묘지'에 갔다. 이곳은 하라 낳기 전에 몇 번 온 곳이지만, 올 때마다 마음이 경건해지고 새롭다. 이곳에는 하라의 큰할아버지가 잠들어 계시며, 사진을 보면 하라가 많이 닮았다. 큰할아버지가 살아계셨다면, 하라를 엄청나게 예뻐하셨을 텐데…

"오늘 귀엽게 묵념하는 우리 하라를 보며, 큰할아버지께서도 하늘나라에서 하라를 기특하게 생각하시고 좋아하셨을 거야." __ 2018. 4. 15. 일요일

드디어 새로 이사한 집으로 가는 날이다.

새집으로 이사하는 건 언제나 가슴 설레고 기쁜 일이다. 아침부터 분주하게 움직인 우리 가족의 합심으로 무사히 이사를 마쳤다. 피곤했는지 새집에서 일찍 잠든 하라에게 나는 조용히 물었다.

"하라야, 어때? 우리 집 참 따뜻하고 멋지지?" __ 2018. 4.

17. 화요일

오늘 어린이집에서 토마토 모종을 심어서 가져왔다. '하라 토마토'라 적힌 화분이 너무도 앙증맞고 귀여웠다. 물론 하라가 직접 심은 건 아닐 테고 선생님 솜씨가 많이 들어갔겠지만, 정성이 너무 예뻤다. 고사리손으로 전해주는 이 토마토 화분이 나에게는 너무나 소중하다. 도시의 화분에서 시골의 정겨움과 자연의 따뜻함이 느껴진다. __ 2018. 4. 18. 수요일

요즘 하라는 얼마 전에 사준 세발자전거를 타고 어린이집에 등원하고 있다. 그런데 왜 내가 더 힘들지? 그 비밀은 하라는 키가 작아서 페달에 발이 닿지 않아서 내가 뒤에서 밀어주기 때문이다.

"우리 하라는 자전거도 금방 잘 탈 거야."

그런데 하라를 위해 노력하는 사람이 또 있다. 하라를 위해서라면 밤하늘의 별도 따줄 만큼 다 해주는 슈퍼맨, 바로 남편이다. 주방 놀이기구를 사서 택배로 받았는데 조립할 피스와

나사가 엄청나게 많았다. 나는 엄두가 나지 않았는데 남편이 몇 시간 동안 하라 방에서 나오지 않았다. 살짝 들여다보니 남편이 땀 흘리며 놀이기구 조립에 여념이 없었다. 시간이 많지 않은 남편의 이런 모습이 처음이라 놀라면서도 흐뭇했다.

"아빠는 너를 너무너무 사랑해, 하라야." ＿ 2018. 4. 19. 목요일

하라가 처음으로 자신의 전용 변기에 스스로 쉬를 했다. 나와 남편은 너무 감격했다.

"우리 하라, 최고 똑순이!"

그 후로 하라는 요즘 매일 1~3회 자기 변기에 쉬를 한다. 하라 전용 팬티를 사면서 조만간 어른 변기에 배변하는 것도 알려주어야지, 하고 마음먹었다. 이날 이때까지 배변교육 제대로 한 적도 없는데, 너무나 잘 적응한다.

"우리 하라! 어쩜 이렇게 똑똑한 거야?" ＿ 2018. 4. 23. 월

요일

하라가 어린이집 가방을 메고 처음으로 아빠와 같이 등원했다. 남편의 귀에는 웃음이 걸리고, 내 귀에는 행복감과 삶의 충족감이 주렁주렁 걸렸다. 오늘도 아빠랑 아침에 같이 등원하는데, 둘의 그림이 너무너무 예쁘고 행복하게 보인다. ㅡ 2018. 4. 24. 화요일

다가올 어린이날을 맞아 시크릿 쥬쥬라는 요술봉(음악과 비눗방울이 함께 나오는)을 사줬는데, 하라가 예상보다 훨씬 좋아했다. 요술봉에서 음악이 나오면 엉덩이를 씰룩대면서 춤춘다. 한마디로 춤추는 천사 같다. 그 모습이 얼마나 앙증맞고 귀여운지, 나 혼자 보기엔 솔직히 아까웠다. ㅡ 2018. 4. 29. 일요일

어린이날을 맞이하여 잠실 아쿠아리움에 갔다.

하라가 더 어렸을 때 여의도, 코엑스 아쿠아리움에도 갔지만, 이번엔 또 다른 반응을 보였다. 사람도 많았지만 잠실 아쿠아리움은 규모가 어마어마해서 감탄이 절로 나왔다. 수족관 안엔 악어도 있고, 개구리도 있고, 물고기들도 종류별로 많이 있어서 하라가 너무나 좋아했다. 돌고래 헬륨 풍선을 사주니 앙증맞은 웃음이 귀에 걸렸다. 게다가 처음 타보는 에스컬레이터는 신기한지 10번도 더 타며 즐거운 하루를 만끽했다.

"하라야, 오늘 즐거웠어?" __ 2018. 5. 5. 토요일

하라의 킥보드 헬멧이 배송되어 왔다. 무조건 헬멧을 써야 킥보드를 탈 수 있다고 세뇌하는 중인데, 불편한 모양이었다.

"하라야, 꼭 헬멧 쓰고 재미있게 킥보드 타자!" __ 2018. 5. 29. 화요일

오늘은 하라 첫 발레 수업이 있었다.

발레복에 발레 슈즈 신은 모습이 예뻐서 백화점 안의 사람들이 많이 쳐다보았다. 그리고 하라가 태어난 지 800일 기념

으로 나는 하라가 좋아하는 조각 케이크를 포장했다. 또 아기 전용 매니큐어 테스터 전시대가 있어 샘플을 하라의 엄지에 살짝 발라줬더니, 엄지를 호호 불어가며 진짜 소중하게 여기는 게 아닌가. 그래서 다시 뛰어가 매니큐어도 하나 사왔다. __
2018. 6. 2. 토요일

일본뇌염 3차 맞는 날, 하라는 아빠랑 단둘이 병원에 다녀왔다. 요즘 병원놀이를 자주 해서 그런지 입도 스스로 벌리고, 귀도 먼저 대주고, 주사 맞을 때도 울지 않았다고 한다. 그날 밤, 하라는 잠자기 전 침대에서 내 얼굴을 빤히 쳐다보며 "엄마, 코 잘자. 하라도 엄마 사랑해." 하고 말해줬다.

"나의 전부인 하라야, 엄마도 사랑해요."

순간 조그마한 행복이 우리 침대로 쏙 하고 들어왔다. __
2018. 5. 31. 목요일

세상에서 가장 사랑하는 나의 딸에게

너도 눈치챘겠지만 엄마 뱃속에 하라의 동생이 있어. 지금 엄마는 임신 20주째야. 지금까지 엄마는 하라, 너 하나로도 충분했고 다른 아이를 생각해본 적이 없어. 오롯이 100% 모두 너에게 사랑을 몰아주고 싶고, 예뻐해주고 싶은데 어느 날 이런 생각이 들더라.

혹시 엄마가 세상에 없게 되면 혼자 남겨질 네가 걱정되었어. 그러다 보니 너 혼자 치르게 될 나의 장례도 걱정되더라. 다시 말하자면 엄마, 아빠가 세상에 없을 때 혼자 남겨질 하라가 너무 걱정됐어.

하라 때는 17주쯤 입덧이 멈췄는데 네 동생은 입덧이 더 오래가고 있어서 요즘 일기를 못 쓰고 있어. '임하라' 너의 이름은 친할아버지가 지어주셨는데 뱃속의 동생 이름은 성별 상관없이 엄마가 '하루'라고 지었어. 그리고 며칠 전 남동생이라는 걸 확인했단다. '하루'가 '하라'에게 좋은, 든든한 남동생이 돼 줄 거라 믿으니까 기뻐.

임신에 따른 여러 증상 때문에 아직은 힘들지만, 하루하루 설레고 기쁜 마음으로 지내고 있어. 그러니 서로가 서로에게 세상 가장 좋은 선물 같은 남매가 되기를 기원하고 또 소망한단다. 사랑해, 하라야.

2018. 6. 7. 새벽과 아침 사이에

하라를 사랑하는 엄마가

하라에게 얼굴 그리는 걸 가르쳐준 적이 없다. 그런데 하라가 아빠 얼굴이라며 그림을 그렸다. 너무나 잘 그려서 깜짝 놀랐다.

"우리 하라는 도대체 못 하는 게 뭐야?"

문득 내가 어렸을 때 엄마 얼굴을 그린 때가 떠오른다. 세월이 흐르고 나도 엄마가 되었다. 보고 싶은 얼굴들이 파노라마처럼 내 머리를 스친다. ― 2018. 6. 28. 토요일

오늘은 하라가 혼자서 처음으로 밥을 김에 돌돌 싸서 먹은 날이다^^ ― 2018. 6. 29. 일요일

둘째 만삭 촬영을 핑계로 하라를 예쁘게 찍어주고 싶어서 겸사겸사 가족사진을 찍었다. 스튜디오 분위기도 좋았는데, 더 만족스러운 건 하라가 가만히 앉아 있지 못하자, 스튜디오 여직원이 하라를 계속 웃게 만든 거다. 엄마인 나도 아이를 웃게 만드는 건 힘든 일인데, 그 직원이 새삼 대단하게 보였다. 오늘 하라가 입은 의상과 소품들도 마음에 들었고, 분위기 또한 좋아서 벌써 사진이 기대된다.

"오늘 하라가 너무 멋져서 엄마 눈엔 하루 내내 하트가 뿅뿅~"

가족사진은 훗날 하라가 봤을 때 추억이 되고, 힘들 때 이걸 봄으로써 따뜻하고 좋은 기억과 기운이 되살아나는 계기가 되리라고 생각한다. __ 2018. 7. 28. 토요일

하라가 점심때 갑자기 열이 나서 소아과에 갔다. 해열제 먹을 때만 잠깐 열이 내리고 다시 오른다. 열이 내리지 않아서 다시 병원을 방문하여 항생제 처방약을 타와 먹였다. 육아 중

에 아이가 아픈 게 가장 힘들고 고통스럽다.

"하라야, 아프지 마." __ 2018. 8. 29. 일요일

다음 날이 되어도 열이 내리지 않았다. 열이 결국 40도가 넘어 부랴부랴 하라를 업고 세브란스 응급실로 달려갔다. 도착하자마자 피를 뽑았고, 필요하다는 검사를 다 했다. 그런 후, 하라는 수액 링거를 맞고 입원했다. 조그마한 하라의 팔에 링거 바늘이 꽂혀 있고, 항생제와 기타 약물들을 맞으며 힘들어하는 걸 보니 내가 대신해서 아팠으면 하는 마음에 눈물이 절로 난다.

심장 초음파를 하려면 수면제를 먹여야 한단다. 미쳐버릴 것 같아 도저히 못 보겠다. 남편이 먹이는 동안 난 옆에서 소리도 못 내고 울었다. 아기에게 복용이 가능한 극소량이라지만 내 심장이 아려온다. __ 2018. 8. 31. 금요일

남편과 교대로 병원에서 먹고 자는 중이다. 내 몸이 만삭이라 친정엄마가 오시겠다고 했으나 거절했다. 남편과 교대하지

않고 내가 하라 곁을 지키며 계속 입원실에 있고 싶은 마음이다. 저 가녀리고 작은 팔뚝에 링거줄을 주렁주렁 달고 있으니 팔이 얼마나 시리겠는가? 링거를 계속 맞으니 하라 얼굴과 눈이 몰라볼 정도로 퉁퉁 부었다. 가여워서 못 보겠다.

검사 결과, 하라는 '가와사키'라는 병명을 진단받았다. 그리고 일주일 입원 후 퇴원할 수 있었다. 검색해보면 가와사키란 병은 여러 증상이 있는데 하라는 고열만 있는 경우였다. 그 고열이 오랫동안 지속되어 심장혈관이 늘어졌다고 한다. 그런데 늘어난 심장혈관은 다시 수축하긴 힘들단다. 그래서 의사는 늘어난 혈관에 맞춰 심장이 자랄 때까지 정기검진으로 지켜보자고 했다. 이 특이한 병엔 주로 아스피린이 처방되는데 60봉 이상이 처방되었다. 내 마음이 찢어지면서 이 모든 게 내 탓 같아 스스로 나에 대한 원망이 커졌다. ＿ 2018. 9. 5. 수요일

넷, 하라의 좌충우돌 성장기

추석이다.

'더도 말고 덜도 말고, 오직 한가위만 같아라.' 하는 옛 어른들의 말이 새삼 떠오르는 날이다. 안방 창문으로 밖을 내다 보니, 하늘에 보름달이 두둥실 떠올라 있다. 남편과 나는 하라를 앞에 두고 우리 가족의 평안과 건강, 그리고 행복을 소원으로 빌었다. 그러자 우리 집 꼬맹이가 나선다.

"엄마, 뒤로 돌아봐."

"달님은 어디 있어?"

요즘 하라가 말을 참 잘한다. __ 2018. 9. 24. 월요일

오늘 하라가 약한 기침과 약한 콧물을 보인다.

"오늘 어린이집 가지 말고 엄마랑 놀자." __ 2018. 10. 8. 월요일

오늘은 한글날이라 남편이 쉬는 날이다.

우리 집의 기둥이자, 하라의 슈퍼맨.

오늘만큼은 가족을 위해 헌신과 희생을 다한 남편도, 하라도 푹 쉬게 하고 싶다. 그래서 우리 가족은 온종일 뒹굴뒹굴하다가, 우리 강아지 순이랑 아파트 단지에서 산책도 하고 평온하게 보냈다. __ 2018. 10. 9. 화요일

오랜만에 하라가 어린이집에 갔다.

한 며칠 기침과 콧물이 나와서 집에만 있었는데, 하필 내가 출산이 임박해서 어린이집에서 낮잠까지 재우게 되었다. 내 마음은 하라와 더 놀아주고 더 안아주고 싶은데 안타깝다.

"하라야, 엄마가 미안해." __ 2018. 10. 11. 목요일

오늘은 둘째 '하루' 출산 마지막 달 검사라 혼자 산부인과에 갔다. 그리고 하라는 아빠랑 둘이 세브란스 외래검진을 가서 가와사키라는 병에 관한 심장 초음파와 채혈을 했다. 남편에게 들어보니, 다행히 이번엔 수면제는 사용하지 않고 검사를 했다고 했다. 결과는 다음 주 월요일에 나온다는데, 나도 나지만 하라 걱정에 한숨이 나온다.

"우리 하라, 괜찮을 거야."

"우리 하라 괜찮게 해주세요." 빌었다. __ 2018. 10. 12. 금요일

오랜만에 하라를 데리고 백화점에 가서 쇼핑도 하고, 옥상 정원에서 뛰어놀았다. 하라가 부레옥잠을 어찌나 신기해하던지 되려 내가 더 신비한 기분이 들었다. 이번엔 백화점에 한참 동안 있었는데도, 하라가 예전처럼 소리 지르지 않아서 또 한 뼘 컸다는 걸 실감했다.

하라가 부레옥잠을 보면서 다른 할머니에게 말했다.

"할머니가 웃으니까, 하라도 웃음보가 터졌어."

이 말을 시작으로 하라는 숫제 자기만의 라이브 방송을 진행하였다.

"모두 조용히 해봐. 쉿! 비밀이 있어."

그러더니 부레옥잠을 가리키며 우리를 즐겁게 한다.

"이 안에 뭐가 들어 있을까?"

31개월밖에 안 된 하라가 말을 잘하는 걸 넘어 표현력도 어찌나 다양하고 풍부한지 놀랍기만 하다.

"이 똑순이가 바로 제 딸아이랍니다." ― 2018. 10. 13. 토요일

화살처럼 빠르게 시간은 지나갔다. 내일이 벌써 출산일이

다. 출산을 앞두니 떨리고 무서운데, 한편으론 무척 설렌다. __ 2018. 10. 15. 월요일

드디어 오늘 오전 11시 39분에 하라의 동생 하루가 태어났다. 생명의 탄생은 말과 글로 표현할 수 없을 정도로 경이롭기만 한데, 첫째는 첫째대로, 둘째는 둘째대로 다른 듯 같은 내 소중한 아기다. 하라가 영상통화로 하루를 보더니 "어? 하루가 태어났네?" 하고 놀란 표정을 지었다.

"너희 둘, 항상 아프지 말고 다치지도 말고 건강하고 행복하게 오래오래 사는 것, 엄마는 그거면 돼. 우애와 사랑이 넘치는 남매가 되기를 기도할게." __ 2018. 10. 16. 화요일

하라가 어제에 이어 두 번째로 하루를 만났다. 동생의 의미도 잘 모를 터인데, 하라가 하루를 얼마나 예뻐해주는지, 영상으로 뽀뽀도 하고, 너무도 기특했다.

"엄마가 빨리 몸 추슬러서 우리 하라 만날 거야. 조금만 참아, 하라야." __ 2018. 10. 18. 목요일

오늘 퇴원하고 같은 건물에 있는 조리원으로 옮겼다. 하라 출산 때와 같은 병원, 같은 조리원이라 그런지 하라 생각이 더 많이 났다. 하루가 있음에도 하라가 너무 보고 싶었다.

"아빠한테 매일 사진 받아서 보는데도 우리 딸이 보고 싶어. 언제 이렇게 컸어? 우리 딸." __ 2018. 10. 19. 금요일

내가 조리원에서 못 나가니, 오늘 하라는 아빠랑 삼촌 결혼식에 갔다. 결혼식에 다녀온 뒤 날 보겠다고 조리원 면회실에 온 예쁜 하라가 한눈에 들어왔다. 나보다 솜씨가 훨씬 좋은 친정엄마가 하라 머리를 예쁘게 땋았고, 게다가 하라 옷 중에서 내가 제일 예쁘다고 생각한 옷을 입고 내 앞에 나타났으니, 결혼식장에서 우리 하라가 얼마나 예뻤을지 짐작이 갔다. 당연히 내 눈에서는 하트가 줄줄줄 흐를 수밖에…

그런데 오늘따라 하라가 면회실에서 위험하게 장난을 치길래 의자에 앉으라고 했더니, 대번에 "엄마 미워!" 하며 서럽게 우는 게 아닌가. 며칠 동안 보살펴주지 못한 엄마가 야단치니 그게 서럽게 느껴졌구나, 하고 생각하니 더 안쓰럽기만 하다.

"우리 딸, 며칠 동안 엄마가 없어서 많이 보고 싶었구나. 엄

마 조리원에 있는 게 싫구나. 엄마는 다 알아. 네가 속상한 게 많아서, 엄마가 보고 싶어서, 엄마한테 관심 보이려고 했던 행동이었지? 그러다가 엄마가 혼내니까 서러웠구나. 미안해, 하라야. 엄마가 우리 딸을 제일 사랑하는 거 알아주면 좋겠네."
 _ 2018. 10. 20. 토요일

  어린이집 키즈 노트를 보고 조리원에서 오랜만에 배를 잡고 웃었다. 하라가 어린이집 안에 설치된 철봉에 대롱대롱 매달려 있는 사진이었다. 세 돌도 안 된 꼬마 숙녀가 운동신경이 발달한 거야? 힘이 좋은 거야? 퍼즐도 잘 맞추고, 마트료시카도 잘하는 우리 딸의 능력은 과연 어디까지일까?
  "하라야, 너 때문에 엄마는 종일 기분이 좋다. 엄마도 빨리 집에 가고 싶어." _ 2018. 10. 23. 화요일

일기예보를 보고 부랴부랴 하라 레인코트, 우산, 장화 세트를 인터넷으로 주문했는데, 마침 오늘 비가 와서 등원하는 하라에게 친정엄마가 예쁘게 다 입혀주셨다. 사진을 보고 내 눈에서는 하트가 뿅뿅뿅인데, 레인코트도 잘 소화하는 우리 딸, 무엇을 입은들 예쁠 수밖에 없지. 맵시도 좋고 라인도 탁월하여 마치 주니어 모델 같은 차림이다.

"예쁜 우리 딸, 나중에 모델이 되려나? 우리 하라는 뭘 해도 잘할 거야. 어떤 직업을 갖든 하라 자체만으로 이미 소중하고 훌륭하기에, 어떤 상황이든 엄마는 늘 하라 편에 서서 응원할 거야."__ 2018. 10. 26. 금요일

올해는 가을이 유난히도 짧은 것 같더니 벌써 겨울이다. 겨울은 사계절 중 가장 추운 계절이지만, 밤에는 별이 가장 밝게 보이는 계절이기도 하다. 유난히 화려하게 보이는 겨울의 별자리들도 많아서 소녀 때 한겨울 별자리를 본 적도 많았다. 북두칠성을 따라 세상 끝까지 가고 싶을 때가 있었고, 하염없이 누군가를 기다린 적도 있었다. 그땐 왜 그리 어린 소녀의 마음이 추웠을까 싶기도 하지만, 그래도 그 추운 겨울을 견디는 데는

밤하늘의 별들도 도움이 되었으리라.

겨울밤의 별빛 속에서

하얀 겨울밤, 얼어붙은 공기 속
차가운 바람이 소녀의 뺨을 스치지만,
별들이 건네는 속삭임은 그리 차지만은 않아.

깊은 어둠은 더욱 너의 빛을 밝게 하고,
내 안의 어둠까지 밝혀주며,
외로움 속에서 다시 일어설 힘을 주었지.

어린 소녀 눈에 비친 북두칠성처럼
어둠 속에서 빛을 찾는 법,
이젠 아스라한 은하수 너머의 추억이 되었네.

지금 내 곁의 초롱초롱한 네 개의 남십자성이
나에게 새로운 길을 비춘다.
내가 나를 찾는 법,

우리 하라, 하루 눈동자

이런 생각도 잠시, 조리원에 누워 있으니 하라가 등하원 길에 춥진 않을까, 하는 걱정도 들고 많이 보고 싶다. 이제 내일이면 조리원을 퇴소하고 하루랑 집으로 돌아간다. 그동안 너무 보고 싶은 하라를 못 보고 참았으니 내일부터 하라와 실컷 시간을 보내야겠다. 우리 하라와 함께 즐거운 나날을 보낼 생각을 하니 벌써 설렌다.

"하라야, 엄마가 추피 생활 동화전집을 대여 신청해 놓았다. 오랜만에 엄마랑 책을 마음껏 읽어보자. 내 사랑, 내일 봐요."
— 2018. 10. 29. 월요일

하루가 응애, 하고 우니까 하라가 소리를 지른다.
"시끄러워! 하라, 귀 아파!"
"엄마, 하루 여기 두고 하라 방에 같이 가자!"
하라가 하루를 경계하고 질투하는 언행을 보였다. 거기에다 갑자기 "엄마, 찌찌, 하라도 먹고 싶다." 하며 모유 쿠션 위에 자기도 올려달라며 보챈다. 동생을 질투하는 하라를 보니 웃음이 나오면서 걱정도 된다. 모르는 척 하루에게 젖을 먹이면 계속해서 젖을 달라고 보챈다.

"하루를 질투해도 예쁘기만 한 우리 하라." ― 2018. 11. 1. 목요일

하라가 혼자 달걀 껍데기를 까면서 동생에게 말했다.
"하루야, 나중에 크면 누나가 달걀 껍데기 벗겨줄게."
"하라가 아직 아기지만, 누나는 누나구나. 귀여운 우리 하라." ― 2018. 11. 13. 화요일

오늘은 하라가 태어난 지 1,000일이 되는 날이다. 100일, 300일 때도 금방 다가왔지만 1,000일도 참 빠르게 흘렀다. 1,000일 동안 나에게 하라는 어떤 의미였을까? 1,000일 동안 하라와 난 어떤 예쁜 일들을 꾸미고 만들었을까? 너무나 많은 기억이 스쳐 지나간다. 가장 분명한 건 하라가 이만큼 성장하였다는 사실이다. 그런데도 너무 예쁜 나머지 '이 상태로 그만 컸으면.' 하는 세상 엄마들 마음이 이해될 때도 있다.

오전에 어린이집 행사가 있어서 계속 어린이집에 머물렀다. 그때 산타 할아버지가 와서 선물을 나눠주자, 다른 아기들은 무서워하고 울었는데, 하라는 씩씩하게 선물을 받았다. 그리고 어린이집에서 나와 함께 케이크도 만들었다. 저녁에는 집에서 내가 케이크, 풍선과 꽃들로 꾸며놓은 장식 공간에서 빨간 벨벳 드레스를 입고 사진을 찍어주었다. 1,000일 동안 씩씩하게 자라준 하라 덕분에 오늘 하루가 너무도 풍성했다.

"하라야, 1,000일, 2,000일 계속 이렇게만 자라주면 엄마는 바랄 게 없어." ― 2018. 12. 19. 수요일

'신이 너무 바빠 모든 곳에 있을 수 없어 엄마를 대신 이 세상에 내려보냈다'라는 말이 있다. 너무나도 공감이 가는 말이다. 둘째를 낳고 조리원에서 나온 뒤 그런 생각이 들었다. 결국 세상의 중심은 가족이다. 대문 밖에서 생긴 상처도, 저마다의 삶에서 새겨진 흉터도 가족 안에 들어오면 모두 치유된다.

오늘은 비 오는 날이지만 하라와 단둘이서 데이트하였다. 동생 태어나고 하라를 한 달 동안 어린이집에 한두 시간씩 더 있게 한 게 너무나 마음에 걸렸다. 그래서 오랜만에 하라가 좋아하는 아쿠아리움에 데려갔다. 또 분위기 좋은 식당에서 리조또와 레몬에이드를 주문했다. 나와 오랜만의 데이트에 기분이 좋아진 하라는 연신 "엄마, 좋아!" 하고 외쳤다. 리조또 양이 제법 많았는데 나는 한 숟가락 먹고, 하라가 기분 좋게 다 먹었다. 자식 먹는 거만 봐도 배부르다고 했던가? 체력적으로는 다소 힘들었지만, 신을 대신하여(ㅎ) 엄마로서 할 일을 하느라 뿌듯했으며, 무엇보다 하라가 좋아하는 모습을 보니 힘들어도 좋기만 하다.

"하라야, 오늘 데이트는 하라보다 엄마가 더 좋았어. 미안하기도 했고." ＿ 2018. 12. 21. 금요일

아이가 세 살이 되면, 많은 부분이 바뀐다.

처음 목욕시킬 때 매우 조그맣던 아이는 어느새 키가 자라고, 몸무게가 늘어 묵직하다. 무엇보다 아이가 세 살이 되면 수다쟁이가 된다. 특히 하라는 더 그렇다. 표현력이 장난이 아니

며, 분별심 또한 생긴다.

하라가 큰 고구마를 직접 까더니 "엄마, 더 까줘!" 하는 게 아닌가. 그래서 먹기 좋게 작은 고구마를 골라서 까주려고 하자, "아니 하라가 지금 먹어보니까 이렇게 크고 말랑말랑한 고구마가 아주 달고 맛있어!" 하고 말했다.

"하라야, 너 세 살 맞아?"__ 2018. 12. 22. 토요일

오늘따라 너무 피곤해서 처음으로 머리를 하나로 대충 묶어서 어린이집에 보냈다. 그런데 머리가 헝클어진 채 환하게 웃고 있는 하라를 보자, 에휴~ 반성하지 않을 수 없다. 매번 공주처럼 예쁘게 꾸며주지는 못해도, 오늘같이 대충해서 밖에 내보지는 말아야지 다짐하고 다짐했다.

"예쁜 공주 하라야, 엄마가 미안해. 엄마 눈엔 그래도 예쁘지만, 이젠 이런 일 없을 거야."__ 2018. 12. 26. 수요일

개학하고 어린이집에 처음 간 날이다.

오늘은 하라가 등원할 때 울지 않더니, 하원 때 날 보자마

자 달려와서 와락 껴안았다. 요즘 나는 하라에게 엄하게 하고 있다. 손가락 빠는 나쁜 습관, 소리 지르는 버릇 등이 나오면, 사람들 없는 빈방에 데리고 가서 손들라고 하면서 타임아웃을 실행 중이다. 훈육 뒤에는 항상 어떤 점이 속상하고 서운했는지 물어보는데, 마음이 아프더라도 더는 미룰 수 없는 일이지만, 과연 이런 방식이 하라에게 도움이 될지 고민이 되는 건 사실이다.

"사랑하는 하라야, 엄마는 하라가 점점 더 좋아질 거로 믿어." __ 2019. 1. 3. 목요일

33개월인 우리 딸은 이제 나뿐만 아니라, 모든 사람과 대화가 된다. 세 살 전에 '같이'와 '안 돼'를 말하기 시작하더니, 이젠 '왜냐하면', '그러니까' 등의 말을 한다. 이젠 가르쳐주지 않은 말들도 잘해서, 매일매일 웃고 놀라는 요즘이다. 오늘도 떼쟁이인 하라로 인하여 조금 힘들었지만, 사랑 넘치는 똑순이 하라 덕분에 나는 세상을 다 가진 사람이 되었다. __ 2019. 1. 5. 토요일

하라가 아침 식사로 검은콩 죽을 다 먹은 뒤, 어제 유기농 매장에서 사온 웨하스를 등원하기 전부터 달라고 한다. 인스턴트 과자보다 건강 간식을 먹이고 싶어서 사온 건데 하라 입맛에 맞는 모양이다. 나에게 와서 "엄마, 이 웨하스 엄청 맛있어. 엄마도 한 번 먹어봐." 하고 말한다. 하라는 요즘 이렇다. 좋은 거, 맛있는 거, 즐거운 것들은 아빠, 엄마와 함께 나누고 싶어한다.

오후에 어린이집에서 보내온 동영상을 봤는데, 하라가 사랑스러운 웃음을 지으며 갑자기 선생님께 달려가 와락 안기는 장면이 있었다.

"하라는 참 정이 많고 사랑이 많은 아이야."

"어떻게 너를 사랑하지 않을 수 있겠니, 예쁜 하라야." __ 2019. 1. 9. 수요일

"사랑하는 하라야, 요즘 엄마가 너에게 하지 말라고 하는 게 많아서 답답하고 힘들지? 그래도 하라가 잘 따라주어서 고맙고 기특하구나. 이제 곧 하라는 세 돌이 된단다. 그 전에 우리 하라 손가락 빠는 나쁜 버릇은 버려야 해. 할 수 있지? 누구

보다 똑똑하고 영리한 우리 딸은 잘할 수 있을 거로 믿어." ＿ 2019. 1. 11. 금요일

미술학원 첫 수업이었다.

조금 나아진 듯하였지만, 하라의 떼쓰기는 여전히 진행 중이다. 신발 벗기 싫다, 코트 벗기 싫다, 하며 떼를 써서 하라는 신발 신고, 코트 입은 채로 수업에 참여했다. 선생님이 우스갯소리로 하라가 방패를 입은 것처럼 낯설다고 하셔서 모두 웃었다.

첫 시간은 계절 수업이었다. 눈처럼 쌓아놓은 스티로폼 안에서 놀고 만지며 밟아보고, 마지막엔 그 스티로폼으로 루돌프 케이크를 만들었는데, 스스로 뿌듯한지 계속 아빠에게 보여줄 거란다. 수업이 끝나고 하라랑 식당에서 밥과 아이스크림도 먹고, 차도 마시고 놀다가 집으로 돌아왔다. ＿ 2019. 1. 12. 토요일

자주 말하지만, 34개월이 된 하라가 말을 너무 잘해서 주변 사람들도 신기해하고 있다. 가르쳐준 적도 없는데 한국어를 이렇게나 잘 구사하는지 놀라는 중이다. 하라가 말한 내용을 그대로 옮겨본다.

"엄마, 아까 서호 엄마가 왔어. 서호 엄마가 하라한테 놀러 오라 그래서 하라가 서호네 놀러 간다고 했어. 그런데 서호가 오늘은 몹시 아프대. 그래서 오늘은 안 된다 그랬어. 그리고 서호가 어린이집에서 서호 엄마한테 '앵그리'라고 말했어."

"하라야, 네가 이렇게 조리 있게 말하는 아가란다." __ 2019. 1. 13. 일요일

미세먼지가 심한 날이었지만 저녁에 하라랑 마스크를 쓰고 마트를 다녀왔다. 하라와 손 꼭 잡고 걸어가는 마트 가는 길은 얼마나 행복하고 소중한 시간인지 모르겠다. 신호등 건널 때 손이 시려도 주머니에서 손을 빼서 번쩍 들고 씩씩하게 건너는 하라를 보니, 아직은 아기인데도 참 많이 컸다는 생각과 함께 왜 자식을 '눈에 넣어도 아프지 않은 존재'라고 했는지 새삼 알 것 같다.

돌아오는 길에 하라가 초승달을 가리키며, "보름달이 작아졌어!"라고 말했다. 그 순수한 발상이 너무 기특하고 아름다워 집으로 돌아와 하라에게 색종이를 오려서 보름달, 반달, 초승달의 변화 과정을 가르쳐주었다.

"하라야, 달을 한 번 제대로 바라본 적 없이 무심히 살고 있는 엄마에게 너는 샘솟는 감성과 삶의 여유를 선물하는구나. 나의 전부, 나의 분신 내 딸아."__ 2019. 1. 14. 월요일

오늘 하라도 힘들고 나도 힘든 날이었다.

어린이집 등원 전에 말을 듣지 않아 혼을 내니, 눈물을 흘리며 울었다. 소리를 고래고래 지르는 나쁜 버릇은 쉽게 고쳐지지 않는 모양이다. 나도 참지 못하고 하라 어깨를 잡고 흔들었으며, 소리치는 입을 막았다. 하라를 어린이집에 보낸 후 자책과 후회가 밀려온다. 아무리 힘들고 울고 싶더라도 엄마인 내가 이성을 잃으면 안 되는데 하라도 서러운지, 무서운지, 화가 난 건지 더 크게 울었다.

"하라야, 엄마가 너무 미숙하다. 오늘 같은 일은 다시는 없도록 노력할게."__ 2019. 1. 16. 수요일

미세먼지가 너무 심해서 경보도 뜨고 앞이 보이지 않을 정도였다. 하라도 무서운 모양이지만, 나 역시 이렇게 자연환경이 오염되고 재해가 일어나는 게 무섭다. 앞으론 환경에 대해 많이 생각하고 공부하면서 작은 실천 하나라도 열심히 하며 살아야겠다. 오늘 하라의 귀여운 종알종알 내용을 기록해 놓아야겠다.

"엄마!! 아빠랑 대화하지 마. 하라랑만 대화해."

"엄마, 하라는 서호가 좋아. 서호 귀엽지 않아? 서호 너무 잘생겼어."

"야옹이는 캣, 멍멍이는 독이야." __ 2019. 1. 17. 목요일

미술학원 가는 차 안에서 하라가 물었다.

"엄마, 하라 수업하는 동안 두고 갈 거야?"

"아니, 엄마가 오늘은 미술학원 안에서 기다릴 거야."

"그래, 엄마가 하라를 두고 가면 하라가 너무 속상해서 말했어."

항상 자신의 이름을 넣어 말하는 우리 하라, 아직 아기라서 짧은 이별도 싫은 모양이다. 하긴 어른인들 아프지 않은 이

별이 있을까? 미술학원에서 흙도 실컷 만지고, 아이비 화분도 심어본 하라가 너무 좋아해서 나도 기분이 덩달아 좋았다. __ 2019. 1. 19. 토요일

인류 문명의 발전이나 학문의 발전은 '왜?'라는 질문에서 출발한다더니, 한 개인의 성장도 마찬가지인 듯하다. 우리 하라가 얼마 전부터 "왜?"라는 질문을 던지더니 급기야 질문이 꼬리에 꼬리를 문다. 이를테면 "그게 뭔데?"로 시작해 "엄마, 사람은 왜 늙어?" 이어서 "왜 죽어?", "코끼리는 왜 코가 손이래?", "사과는 왜 빨개?" 등등 질문 대폭발이다. 그런데 내가 대답 못하면 신경질을 내는 바람에 이 무능력한 엄마는 요즘 매일 식은땀을 흘리며 서적과 인터넷을 뒤지고 있다. 조금이라도 더 대답해주고 싶은 마음에 피곤한 줄도 모른다. __ 2019. 1. 20. 일요일

말문 열린 우리 하라

세상이 궁금한 새싹
끝없이 이어지는 "왜?"라는 물음
작고 예쁜 입술에서 흘러나오는 말들이
엄마에게는 그저 꽃비구나, 우리 아가야.

너의 눈동자에 담긴 호기심의 바다는
너무도 넓고 깊어,
작은 나룻배 같은 엄마는
길을 찾기조차 버겁구나.

하지만 너와 손잡고 가는 세상 찾는 여정
그 길이 아무리 험난해도,
네 종알거리는 말들이
징검다리 되어
돌 하나씩 건널 때마다
엄마는 미소 짓게 되는구나.

너무 무리한 걸까? 오늘은 좀체 몸이 말을 안 듣는다.

"하라야, 엄마, 몸살이 온 거 같아. 밥 먹기도 힘들다."

"엄마가 아프면 너희들을 돌보지 못해서, 그게 제일 마음에 걸리고 슬퍼."

"엄마가 건강해질 거야. 하라도 하루도 아프지 말자." ― 2019. 1. 23. 수요일

내가 아프다고 하니까 서호 엄마가 걱정되었나 보다. 오늘은 어린이집 현장 학습날이라 굳이 하라를 보내지 않아도 됐는데, 서호 엄마가 고맙게도 우리 집에 들러 하라를 키즈카페에 데리고 갔다. 그곳에서 서호랑 둘이 신나게 놀며 밥도 먹었다고 했다. 하라를 낳고 키우면서, 가끔 혹은 자주 이렇게 주변에서 따뜻한 마음들을 받고 있어 참 고맙고 마음이 따뜻해진다.

"하라야, 너로 인해 엄마가 주위로부터 고마운 마음을 받고 있어. 그 마음을 우리 잊지 않기로 하자." ― 2019. 1. 25. 금요일

하라가 좋아할 만한 선물이 택배로 도착했다. 바로 메이크업 놀이 박스다. 최근에 키즈카페에 가도 화장대 앞을 떠나지 않는 우리 하라를 위한 깜짝 선물이었다. 얼마나 좋았으면 내 말에 건성으로 "네.", "네." 대답하고 놀이에 푹 빠진다. 씩씩하게 밥도 뚝딱 잘 먹고 놀이에 집중하는 모습에 내 얼굴에도 미소가 떠나지 않는다.

"하라가 무엇에 푹 빠지는 건 참으로 좋은 일이다. 집중력을 키워서 좋지만, 그보다는 하라가 좋아하는 건 엄마도 좋아. 사랑스러운 하라야." _ 2019. 1. 28. 월요일

온종일 하라 생각만 했다.

올 연말은 어떻게 보내야 하나? 하라에게 뭘 해주고, 어떤 좋은 걸 채워줘야 하나? 하라의 행복만을 오롯이 고민하는 중에 오늘 하루가 뚝딱 가버렸다.

"완전 딸 바보네."

나보다 더 심한 딸 바보인 남편이 말했다. _ 2019. 1. 31. 목요일

하라가 미술학원에서 설날 맞이로 지점토를 이용해 떡국을 만드는 법을 배웠다. 하라가 나를 위해서 지점토 상차림을 해 줬다.

"고마워, 우리 딸."

하라가 미술학원 가는 날을 얼마나 좋아하는지, 그만 다니고 싶다고 할 때까지 보내줘야겠다고 생각했다.

"기특하고 고마운 우리 딸." ― 2019. 2. 1. 금요일

너무 늦게 일어나서 하라에게 해준 게 없던 오늘, 심지어 하라 앞에서 남편과 다투었다. 이런 내가 너무 싫다. 앞으로 조심 또 조심해야겠다.

"엄마가 미안해, 우리 딸." ― 2019. 2. 2. 토요일

설날이라 멸치육수를 진하게 우려 떡국을 만들어 먹었다. 하라가 떡국을 좋아해서 참 잘 먹는다. 그리고 '까치, 까치 설날은 어저께고요. 우리, 우리 설날은 오늘이래요.' 하는 '설날' 노래를 가르쳐주었다. 하라는 이 노래가 재밌는지 종일 부르고

다녔다.

"새해 복 많이 받고 늘 건강하자, 사랑하는 우리 딸." __ 2019. 2. 5. 화요일

설 연휴 마지막 날이다.

남편과 나, 하라 이렇게 셋이 한남동에 있는 그림책 도서관에 갔다. 그림책 도서관은 아이뿐만 아니라 어른들도 동심으로 돌아가 볼 수 있는 그림책 전문 도서관이라 나도 너무 좋아하는 곳이다. 그림책 수만 권을 소장하고 있으며, 그림책을 활용한 다양한 문화 프로그램도 진행하고 있어, 하라의 꿈을 키워주기엔 안성맞춤인 곳이다. 하라가 얼마나 좋아하던지, 덩달아 나와 남편의 귀에 웃음이 걸렸다. 마침 같은 건물에 맛 좋은 이탈리아 식당이 있어서 맛있는 식사도 하고 즐거운 하루를 보냈다. __ 2019. 2. 6. 수요일

이마트에서 하라가 좋아하는 콩순이 캐릭터가 들어간 스텐 컵과 팬티를 사줬는데, 컵은 좋아하는데 팬티는 좋아하지 않는다. 왜 그럴까?

"왜 그러는지 엄마가 궁금하다, 우리 딸." ― 2019. 2. 7. 목요일

오늘은 처음으로 엄마표 국, 영, 수 홈스쿨 공부를 했다. 국어는 말하기와 읽기, 영어는 알파벳, 수학은 숫자 위주로 가르쳤다. 예상치도 못하게 하라가 너무 잘 따라와 주었고, 심지어 1시간이 넘게 집중해서 공부하는 모습에 깜짝 놀랐다. 하라가 공부에 소질을 보인 날이었다.

"하라야, 너 공부도 잘하겠다. 못하는 게 뭐야? 우리 딸." ― 2019. 2. 8. 금요일

내가 감잎차를 마시는 모습을 보더니, 아니나 다를까 하라가 "이거 뭐야?" 하고 물어보았다. 감잎차라고 말해주었더니, 발음하기 힘들 텐데 정확히 "하라도 감, 잎, 차, 줘!" 하고 또박

또박 말하는 게 아닌가. 이런 모습이 우습기도 하고, 너무나 사랑스럽고 귀여워서 한 잔 타주었더니, 호호 불어서 어찌나 잘 마시던지.

"엄마는 하라가 내 딸인 게 너무 자랑스러워." __ 2019. 2. 10. 일요일

하라가 좋아하는 미술학원에 다녀왔다. 그런데 수업 끝나고 머리카락, 손, 발, 옷 등에 젤리 물감이 범벅되어 나에게 와락 뛰어든다. 내가 할 일이 점점 늘어나고 힘들수록 우리 하라는 점점 더 즐겁고 행복해지는 것 같네.

"정말 그래? 그렇다면 엄마가 더 분발해서 열심히 힘들어질 거야. ㅎㅎ" __ 2019. 2. 12. 화요일

제주산 딱새우랑 국산 대게살을 잔뜩 넣고 해바라기씨유에 볶음밥을 만들어 하라에게 줬다. 내 정성을 알기라도 하는 듯이 하라는 한 그릇 뚝딱 비웠다. 하라에게 좋은 것만 먹이고, 좋은 것만 보여주며, 좋은 것만 입히고 싶은 마음이 넘치면서

도 하라가 막무가내로 떼쓰면 나의 이런 마음을 잊고 당황할 때가 많다. 내가 부족해서 그렇다.

"사랑하는 나의 딸아, 엄마가 노력하고 더 노력해서 좋은 엄마가 될게." __ 2019. 2. 15. 금요일

스테이크와 관자구이를 해서 맛있게 먹고 있는데 하라가 대뜸 "관자도, 고기도 질겨서 하라는 먹기 싫어. 엄마! 똑바로 요리했어야지!" 하고 말해서 헉! 너무 놀라 하라를 바라보았는데 그다음 말이 걸작이다. "나중에 크면 하라가 요리해줄게. 엄마, 걱정하지 마." 하면서 나의 요리 실력을 위로해준다.

"하라야, 이건, 위로… 맞지?" __ 2019. 2. 16. 토요일

하라가 잠이 든 사이에 내 마음에 와닿는 명언을 하나 읽어본다.

'아이들이 어떻게 세상을 보는가는,
당신이 그들에게 무엇을 보여주었는가에 달려 있다.'

- 루이스 보건, 시인

"하라야, 엄마 믿지?
우리 하라가 엄마를 믿고 세상에 나온 만큼
엄마도 너를 실망시키지 않을게.
엄마 믿어봐. 정말 잘할게.
열심히, 최선을 다해
너에게 좋고 밝은 따뜻한 세상을 선물해줄 거야.
두고 봐, 내 사랑."

하라에게 전하는 나의 다짐을 꾹꾹 눌러 적는다. __ 2019. 2. 16. 토요일 늦은 밤 11시

어린이집 하원길에 하라가 "엄마, 어린이집 밥 싫어. 집에 있는 밥이 좋아"라고 말했다. 그런데 조금 전 선생님으로부터

전해 들은 말은 이랬다.

"오늘도 하라가 밥을 제일 많이 먹었어요."

또 나를 위로하려는지는 모르겠지만,

"하라야, 집밥이 좋으면 집에 와서 제발 잘 좀 먹자."

"잘 먹을 땐 잘 먹는데, 어떨 때는 엄마 애간장을 태워서 입맛에 맞지 않은 것인지도 잘 모르겠고, 아직은 엄마가 잘 몰라 어렵네, 우리 딸." _ 2019. 2. 18. 월요일

하라가 제왕절개 수술한 부위를 보더니 애틋한 표정으로 말했다.

"엄마, 많이 아프겠다. 하라가 말 잘 들을게. 하라가 커서 안 아프게 해줄게. 걱정하지 마."

어떻게 이런 생각과 말을 하는지 가슴이 뭉클하고 아렸다. 그리고 나서 오늘 하루종일 말을 너무나, 너무나, 너무나 듣지 않았다.

"하라야, 엄마가 졌다. 그래도 엄마는 하라를 사랑해." _ 2019. 2. 18. 월요일 저녁

정월 대보름인데 눈이 많이 내렸다.

아마도 봄이 오기 전 마지막 눈일지도 모르겠다. 그래서 밤에 보름달 보면서 소원 비는 것은 하지 못했는데 오곡밥, 건나물 6가지, 생선구이, 근대 된장국, 부럼(호두, 땅콩) 등을 하루 꼬박 준비해서 저녁을 차렸다. 건나물은 불리는 데 반나절 이상이나 걸려서 힘이 들었지만, 하라에게 좋은 음식을 먹이고 싶었다.

이젠 하라 손에 제법 힘도 들어가고, 부럼 뜻도 이해할 듯해서 아빠랑 하나가 우리 가족 건강을 기원하는 땅콩껍질 까기도 했다. 그런데 느닷없이 하라가 묻는다.

"엄마! 이제 봄이 오려 하는데 왜 하늘에서 눈사람이 내려요?"

"…"

남편과 나는 그냥 웃을 수밖에… __ 2019. 2. 19. 화요일

괌으로 여행을 떠나기 위해 새벽 5시쯤 인천공항으로 출발했다. 하라는 웬일인지 신경질 한 번 없이 차에 타서도 계속 흥얼거렸다. 비행기 안에서도 쿨쿨 잘 잤으며, 얼마나 진득하

게 앉아서 갔는지 안도의 한숨이 나올 지경이었다.

괌에 도착하여, 호텔 옆에서 바비큐를 먹으며 원주민 공연을 봤는데 공연은 좋았으나, 바비큐는 연기가 너무 자욱해서 아쉬웠다. 극성수기임에도 날씨가 제일 좋은 때에 맞춰 왔는데도 지구온난화 현상인지 갑자기 태풍이 와서 우리는 호텔에 고립됐다. 그러자 하라는 계속 집에 가자고 투덜거렸다. 낭패다.

"하라야, 미안." ― 2019. 2. 22. 금요일

어제보다 비는 그쳤지만, 날씨가 완벽하지는 않았다. 오늘도 호텔 방 안에만 있기가 아까워서 수영도 하고, 비치에서 모래놀이도 했다. 그래서일까? 하라는 원주민에 가깝도록 까맣게 많이 타고 피부도 벗겨졌다.

"하라 이런 모습 처음이야. 집에 가면 엄마가 알로에 마사지를 해줄게."

얼굴이 타긴 했어도 하라가 즐거워해서 다행이었다. 괌은 미세먼지가 거의 없는 청정지역이어서 폭풍만 아니라면 여행지로선 완벽했다. 돌아오는 비행기 안에서도 하라는 군소리 없이 잘 자서 덕분에 나도 편하게 왔다.

"하라 동생이 좀 크면 우리 식구 넷이 여행 가자." __ 2019. 2. 24. 일요일

"오마이 갓~ 노노~"

누가 보면 괌에서 몇 년 살다 온 아이 같다. 하라가 오늘 계속 영어를 섞어 써서 약간 부끄럽기도 하다. 하라는 밥을 먹다가 알파벳 P를 보여주면서, "이건 피그, 꿀꿀이 돼지야." 하고 말해서 놀랐다.

"우리 하라는 정말 똑똑한 아이야. 그래서 엄마가 분발할 거야. 또 그러기 위해선 엄마 체력과 건강을 다져놔야겠다." __ 2019. 2. 27. 수요일

〈꽃으로도 때리지 말라〉라는 책이 있다. 오래전 배우 김혜자 씨가 아프리카에서 봉사활동하면서 '겪고 느낀 점을 주제'

로 쓴 책의 제목이다. 이후 '아이는 꽃으로도 때리지 마라', 하는 말로 유행하였다. 그런데 이걸 알면서도 나는 오늘 하라의 기저귀를 벗기고 엉덩이를 처음으로 정말 세게 찰싹찰싹 때렸다. 하라가 "아야" 하고 엉엉 울었다. 아이의 나쁜 버릇을 고치기 위해서지만, 나도 너무 힘들어 눈물도 나오지 않는다.

우리 하라가 버릇없이 커서 다른 사람들에게 나쁜 평판을 받을까 걱정되고 염려스럽다. 그래도 사랑하는 아기 엉덩이를 때리다니, 이건 하라 탓이 아니라 이 방법을 선택한 내가 아이 키우는 자질이 부족했기 때문이다.

"하라야, 넌 아직 아기인데 우리 예쁜 아기 엉덩이를 때리다니… 엄마가 너무 미안해. 다시는 이런 식의 훈육은 없을 거야. 엄마가 맹세할게." ― 2019. 2. 28. 목요일

3.1절이라 아파트 구내방송으로 태극기를 게양하라는 안내멘트가 나왔다. 하라가 "아빠, 빨리 태극기 꺼내줘"라고 말하는 걸 보니, 이제 정확히 태극기를 아는 모양이다. 작년에도 태극기를 매달았고, 책에서도 태극기를 보여줘서일까? 오늘은 하라가 유난히 창밖을 내다보고 웃으며 게양된 태극기를 바라보

며 좋아한다.

그런데 아침과는 달리 하라가 밤에도 다시 떼를 쓰기 시작하자, 어제 엉덩이 때린 충격요법을 이용하여 "하라, 타임아웃 쉿! 하지 않으면 어제처럼 맴매할 거예요!" 하자, 금방 떼쓰는 것을 멈췄다. 그러나 이 방법은 내가 정말 싫어하는 훈육방식이어서 당연히 자책감이 심하게 든다.

하지만 어차피 내가 저지른 행동이었기에 추후 맴매하는 일은 없을 거지만, 맴매의 기억을 상기하는 방법을 당분간은 활용해보려고 한다. 오늘은 하라를 의자에 앉히고 잘못한 짓이나, 왜 울었는지를 생각해보라고 했다. 그런데도 앉지 않고 계속 떼를 쓰길래, "맴매 또 맞을까요?" 하자 곧바로 앉았다. 이게 올바른 훈육방법인지는 모르겠다. __ 2019. 3. 1. 금요일 (몇 년이 지난 후에 상담센터 소장님께 물어봤더니, 그런 방법을 재차 상기하게 하는 건 좋지 않다고 했다)

후회하는 밤

작은 손을 잡고 있으면
그 손이 얼마나 여린지 알면서도…

너의 웃음소리, 맑은 눈동자

그 순간들이 너무 소중해서

가끔은 이대로 시간이 멈췄으면

좋겠다고 생각하면서도...

네가 이해하지 못할 말들로

너를 혼내고, 다시 안아주고

눈물 흘리는 너를 보며

얼마나 후회하는지 몰라.

작은 몸짓 하나에도

세상을 배워가는 너

조금 더 기다려야 할 뿐인데,

너를 키우는 일이

내가 다시 배우는 길이란 걸 알면서도

엄마는 자꾸 서두르고 마네.

더 따뜻하게, 더 부드럽게 너를 안으며

후회로 가득한 밤에

어느새 눈물이 흐른다.

하라가 '하나, 둘, 셋, 넷'의 '넷'을 건너뛰고 하나, 둘, 셋, 다섯만 세더니 원, 투, 쓰리, 포는 제대로 한다. 뭔가 이상하여 숫자 1, 2, 3, 4, 5를 읽어보라 했는데, 이건 또 다 읽는다. 그리하여 재차 하나, 둘, 셋, 넷을 말해주었는데도 하지 않으려 한다. 그제야 나는 '아하, 하라는 나름대로 자존심이 센 아이구나.' 하고 느꼈다. 하나를 틀리면 시작도 하지 않는 성향 역시 나를 닮았다고 생각했다.

"그래, 엄마도 서두르지 않을게. 네가 원할 때 하도록 하자."
— 2019. 3. 3. 일요일

미술학원 보충교육날, 뻥튀기 과자로 목걸이와 집을 만들고 오감, 촉감 과자놀이 속에서 수영놀이도 했다. 하라가 많이 즐거워한다. 끝나고 백화점 지하 식당가에서 보리굴비에 밥을 먹였다. 하라는 워낙 생선을 좋아하다 보니 냠냠 잘도 받아먹었다. 옛 어른들 말씀에 '내 논에 물 들어가는 것'과 '내 자식 입

에 먹을 게 들어가는 게 최고다'라는 뜻을 확실하게 알겠다. ― 2019. 3. 6. 수요일 경칩

하라가 파스타를 해달라고 했다. 딱새우를 잔뜩 까서 넣고, 토마토소스에 생크림을 보글보글 끓여서 파스타를 만들어 먹였다.
"너무나 잘 먹는 모습에 고맙다는 말이 저절로 나온다. 내 사랑 하라야." ― 2019. 3. 7. 목요일

미세먼지가 최근 들어 최악이다. 이렇게 높은 수치는 작년에도 보지 못한 것 같다. 오늘은 어린이집 새 학기 시작하는 날인 데다가, 하루 예방접종과 다른 볼일이 많아서 할 수 없이 하라를 어린이집에 보내기는 했는데 마음이 너무 불편하고 찜찜하다. 아무래도 이번 달은 어린이집 기본 일수만 채우고 최대한 보내지 않는 쪽으로 생각해봐야겠다. 이렇게 미세먼지가 심해서야, 앞으로 어떻게 아이들을 돌볼 수 있을지 걱정이다.
"우리 하라가 살게 될 미래 환경이 좋아야 할 텐데, 엄마가

너무 걱정된다." __ 2019. 3. 9. 토요일

오랜만에 하라가 미술학원에 갔다. 하라의 옷이 엉망이 될수록 아이의 만족도가 더 높은 걸 알기에, 그 뒤처리가 힘들어도 아무런 내색을 하지 않고 늘 그대로 지켜봐 왔다. 옷에 물감이 많이 묻어도 상관없으니 행복한 시간을 보내기를 바랐다.

"하라야, 너만 기쁘고 즐겁다면, 엄마는 하나도 힘들지 않으니 마음껏 놀아도 된단다."

또 요즘엔 짧은 문장이지만, 영어로 가끔 "I don't know." 같은 말을 하면 너무 귀여워서 웃곤 한다. 어른들은 아동의 조기 영어교육에 대한 찬반을 논하지만 한국어든, 영어든 어리면 어릴수록 언어를 스펀지처럼 빨아들이는 아이들을 보면서, 아이들의 시선에서 찬반을 논할 필요도 있을 것이다. 나는 엄마로서 우리 하라가 가장 힘들지 않은 방법으로 언어를 습득했으면 좋겠다. __ 2019. 3. 11. 월요일 아침에 하루를 꼭 안고 자는데, 하라가 우리 위에 엎어져서 나를 꼭 껴안는다. 그러면서 하는 말이 "엄마, 일어나. 아무도 하라랑 안 놀아줘서 속상하고 신경질 나"라고 그런다. 난 그 말에 벌떡 일어나 하루를 시작했다.

그리고 오늘 하라가 좋아하는 외할머니가 오셨다. 내가 집안일을 하는 동안 하라는 아빠랑 키즈카페에 가서 실컷 놀았다. 표정이 밝아진 하라를 보니, 덩달아 내 마음도 환했다. 역시 아이에겐 엄마 외에도 아빠와 할머니도 필요하다고 새삼 느꼈다. 또한, 쾌적해진 하라 방에서 아빠랑 즐겁게 노는 걸 보니 하라에게 우리 집에서 두 번째로 큰 방을 준 건 참 잘한 일인 것 같다. __ 2019. 3. 12. 화요일

하라가 아침 등원길에 아빠한테 알파벳 'I'를 가리키며 "아빠, 저건 아이야." 했다고 한다. 그런데 하루가 열감기로 아파서 병원에 가느라, 하라를 어쩔 수 없이 어린이집에서 재웠다. 그게 하라의 스트레스 지수를 높인 거 같다. 하루가 자는데 데려오면 하라가 소리 지르고 떼쓰는 등 서로에게 도움이 되지 않을 것 같아서 차 안에서 1시간 있다가 왔다. 하라가 계속 짜

증을 부려 나도 심하게 화를 냈다. 이럴 때마다 내가 과연 엄마 자격이 있는지 스스로 자책하고 후회한다.

"사랑하는 하라야, 엄마가 더 노력할게." _ 2019. 3. 13. 수요일

하라가 어린이집에서 낮잠 자는 것에 스트레스를 받는 듯해서 하라를 일찍 하원시켰다. 올해는 한 달에 11일 정도만 어린이집에 보내고 집에서 쉬엄쉬엄 보내려고 한다. 내년 유치원에 들어갈 준비도 해야 하고, 하라가 빨리 크는 것이 아쉬워서 내가 피곤해도 하라와 최대한 함께 시간을 보내야겠다. 그래서 오늘도 하원하고 하라랑 둘이 맥포머스 자석 블럭놀이를 오래 했다.

"매일 하라랑 오늘처럼 지내면 엄마도 좋은데, 엄마 몸은 하나인데 일은 많아서 엄마가 힘드네. 어쩌면 좋으니? 예쁜 하라야." _ 2019. 3. 14. 목요일

오늘따라 내 컨디션이 좋지 않은데, 다행히 친정엄마가 와

계시니, 아이들 케어하는 일에 큰 도움이 아닐 수 없다. 계속되는 몸살에 하루까지 아프니 금쪽보다 소중한 하라와 하루에게 너무나 미안한 날이다. 내가 아프면 온 가족이 힘든 걸 알기에 앞으로 컨디션 조절을 잘해야겠다.

"하라야, 엄마가 빨리 몸을 추슬러서 재미있게 놀기로 하자. 엄마가 미안해." ＿ 2019. 3. 14. 목요일 저녁

주말에 딸기밭에 데려갈 계획인데, 마침 학원에서 오늘 수업이 딸기에 관한 거라 안성맞춤이다 싶었다. 딸기를 직접 따고, 썰고, 손으로 뭉개며 오감과 촉감을 키우는 놀이라, 하라도 너무 즐거워하는 듯 보였다.

일상에서 쉽게 할 수 있는 놀이든, 학원에서 하는 놀이든 아이에게 놀이는 매우 중요하다. 놀이는 아이의 정서와 두뇌 활동을 돕고 운동, 언어, 인지, 정서, 사회성 등에서 고른 발달을 촉진한다고 한다. 그런 의미에서 수업이 만족스러웠으며, 학원에서 나와 오늘도 하라가 좋아하는 백화점 한식당에서 보리굴비 정식을 시켜서 먹였다.

"역시나 참 잘 받아먹는 금쪽같은 우리 하라를 보니 굴비

살 발라내는 일도 너무나 재미있어. 많이 먹어, 하라야." __ 2019. 3. 15. 금요일

하라의 언어구사는 또래보다 현저히 빠르고, 또한 표현력도 남다르다고 생각한다. 나만의 착각일 수도 있고, 내가 고슴도치 엄마일 수도 있지만, 하라는 30개월부터 어른인 나와 90% 정도 소통이 되더니, 35개월째인 이제는 마치 애어른같이 언어를 구사한다. 말대꾸는 보통이고 엄마, 아빠를 거꾸로 혼내고 걱정도 하며, 어떤 때는 동생 하루를 대놓고 아기 취급한 적도 있다. 너무 빨리 크는 듯해서 아쉬운 마음이 들 정도다.

"우리 하라는 언변술사, 아니면 언어의 연금술사 같아. 나중에 커서 변호사가 되려나? 언어학자가 되려나? 엄마, 아빠가 기대할게." __ 2019. 3. 16. 토요일

우리 동네엔 가격도 괜찮고 좋은 재료로만 빵을 만드는 조그만 빵집이 있다. 식재료가 믿을 만해서 남편이나 아이들에게 아침밥 대신 빵으로 줘도 무방한 집이다. 주인 부부의 심성도 곱고 인정이 넘치는 빵집인데, 하라도 그곳을 참 좋아해서 어린이집에서 집으로 오는 길엔 항상 그곳에 들르자고 조른다. 오늘은 주인아주머니가 하라가 너무 예쁘다며 아몬드가 박힌 곰돌이 모양의 쿠키를 2개나 선물로 주었다.

"우리 하라 덕분에 엄마도 덩달아 이웃에게 따뜻한 마음을 많이 받으며 더 친하게 지내고 있어. 고마워, 하라야."
2019. 3. 19. 화요일

하라에게 어떤 영어 선생님이 영어로 질문하였다. 이에 하라가 당당하게 영어로 대답해서 내가 굉장히 놀랐다. 핑크, 옐로우, 퍼플은 물론이고 '아이 엠 해피', '예스 아이 캔' 등 간단한 문장이지만, 영어로 말하는 걸 보고 정말 울컥했다. 심지어 오늘은 한국말까지 예쁘게 하고, 떼도 안 쓰며, 예쁜 행동만 해서 내가 다 행복할 지경이었다.

"하라야, 매일 이런 날만 있으면 엄마는 너무 행복해서 바

랄 게 없겠다." __ 2019. 3. 20. 수요일

오늘도 어린이집에서 낮잠을 재우지 않고 일찍 데려왔다. 집으로 오는 길에 '총각네'란 슈퍼에서 하라가 군고구마를 사자고 했다. 집에서 고구마를 먹으며 맥포머스 자석 블록을 잠깐 하다가 아파트 단지로 데리고 나갔다. 이른바 하라의 바깥놀이였다. 미세먼지가 많든지, 비 오는 날 등 하라가 밖에 못 나가는 날은 왠지 시무룩해 보여서, 바람이 조금 불어 쌀쌀했지만 오랜만에 좋은 공기, 따뜻한 햇볕 때문에 일찍 하원한 하루를 방 안에 두고 싶지 않았다. 거의 1년 만에 킥보드를 태웠는데도 하라의 실력은 변치 않았다. 그런데 처음으로 탄 그네는 무서워하여 다음에 시소를 타자고 약속했다. __ 2019. 3. 21. 목요일

하라가 갑자기 내게 다가와서 말을 걸었다. "엄마, 수고 많이 하셨어요." 하더니 초록색 색종이를 주었다. 무슨 의미인 줄 짐작은 가지만, 다소 당황한 나를 뒤로한 채, 하루에게 "아구,

우리 아가, 하루, 일어났어요? 까꿍!" 하고 동생을 어른다. 동생 하루가 아가인 것을 잘 안다는 뜻이다. 그러더니 가사와 음정이 다소 틀린 자장가도 불러주었다.

"동생을 너무 잘 돌봐주는 우리 하라. 너무 기특하다." __
2019. 3. 22. 금요일

다섯,
꿈결 같은 대화

 미세먼지가 없는 날이라 킥보드를 타러 아파트 단지로 나갔다. 며칠 전보다 더 잘 탄다. 30개월부터 "왜?"라는 단어로 밑도 끝도 없이 묻더니 요즘은 질문도 매우 구체적이다. 이를 테면 "포클레인이 왜 도로를 파고 있는 거야?", "버스가 왜 줄 서고 있는 거야?" 등등이다. 그뿐만 아니라 언어 구사 처음과 중간에 '어차피'라는 부사도 적절하게 사용하여 듣는 나를 웃게 만든다.

"하라야, 어차피 넌 엄마 딸이고, 어차피 넌 잘났어. ㅎ"
2019. 3. 23. 토요일

언제부턴가 하라가 옷 고르는 것을 참견한다. 그러더니 요즘엔 속옷까지 전부 직접 고르려고 한다. 오늘은 반짝이 점퍼에 청바지를 입고, 게다가 선글라스를 쓰고, 유광 슈즈 신발을 신고 가야겠다고 고집을 부렸다. 할 수 없이 원하는 대로 해주었지만, 코디 결과는 슈퍼스타가 따로 없다.

맘카페를 검색하다 보면, 이런 현상이 우리 하라에게만 일어나는 일이 아님을 알 수 있지만, 아이 마음속에 어떤 구상이나 감각이 없다면, 그런 고집도 없을 것이므로 긍정적으로 생각하기로 했다. 아침마다 아이와 옷을 고르는 문제로 다투는 엄마도 많으며, 그런 아이 중에 세계적인 패션 디자이너가 나올지도 모르는 일이다.

또 오늘은 드디어 작은 내 소망을 이룰 수 있었다. 나와 하라가 함께 입을 하얀색 원피스 커플 파자마를 전에 사두었는데, 하라 옷이 커서 그동안 입힐 수가 없었다. 이제 하라가 커서 그 옷을 입힐 수가 있게 되었으며, 그 파자마를 입혀서 하라 방에서 많은 사진을 찍었다.

"하라야, 너무너무 예쁘다. 엄마 소원 풀이도 했고."
2019. 3. 24. 일요일

오늘은 하라의 세 번째 생일이다. 두 돌 때는 울지 않았는데 오늘은 괜스레 눈물이 난다. 내가 너무 감상적으로 변했을까? 첫돌 때에는 '생일을 축하해, 귀여운 아가야. 무럭무럭 자라서 예쁜 꽃을 피우렴.' 하는 이 노래만 들어도 눈물이 흘렀는데… 하라가 첫 아이인 만큼, 육아가 내 예상보다 훨씬 힘들고 어려워서 3년이 아니라 더 많은 시간이 흐른 것 같다. 하라를 처음 만난 날 그 느낌을 아직도 잊을 수 없는데 폭풍처럼 성장해준 하라가 너무나 고맙다. 나름대로 최선을 다했지만, 초보 엄마라서 잘 못해준 것만 떠올랐다. 그래도 여기까지 무탈하게 온 것에 관하여 모든 게 감사했다.

"고마워, 아가야."

"감사합니다, 삼신할머니. 이렇게 귀한 보물을 제게 보내주셔서."

"앞으로도 엄마는 하라를 위해 최선을 다할게. 생일 축하해, 하라야."__ 2019. 3. 25.

어린이집에서 3월생 아기만 모아 생일파티를 했다. 하라에게 작년 두 돌 때 입은 맞춤 원피스를 입혔는데, 그땐 크더니 올해는 완전히 딱 맞았다.

"거의 입지 못했는데 잘 보관했다가 우리 하라가 어른이 됐을 때 줄게."

집으로 오는 길에 하라가 단골인 다랑이라는 빵집에 들르자고 졸랐다. 하라의 성화에 그냥 지나칠 수 없어 들어갔는데, 하라가 내가 싫어하는 단맛이 나는 마카롱을 또 고르는 게 아닌가. 그래서 "엄마, 돈 없어!" 하고 잘라 말했더니, 하라가 씩씩대며 울 듯한 표정으로 "내 세뱃돈으로 사면 되지." 하고 즉각 반격했다. 어이가 없으면서도 사랑스러운 하라에게 화를 낼 수가 없다.

"하라야, 널 어찌 사랑하지 않을 수 있겠니? 이렇게 사랑스러운데 말이야."__ 2019. 3. 26. 화요일

한 해의 끝자락을 잡고 아쉬워하며 'Happy New Year' 할 때가 엊그제인데 벌써 3월 마지막 날이 되었고, 내일은 4월 1일이다. 요즘 나는 하라의 내년 영어유치원 입학을 위해 정신이 없어 24시간도 모자란다. 공부만 하면 힘이 들지도 모르는 아이의 컨디션 조절도 고려하여 적당한 하루의 할당량도 정해야 하며, 창의력을 키우고, 스트레스를 받지 않거나 혹은 풀기 위한 노력도 해야 해서 머리에서 쥐가 날 지경이다. _ 2019. 3. 31. 일요일

하라가 주말 내내 신경질도 늘고, 오늘도 역시 잦은 짜증을 내다가 결국 나한테 또 엄청나게 혼났다. 그런데 하라의 코 상태가 좋지 않은 것 같다. 콧물이 계속 안에 고여 있고, 그로 인해 코막힘과 기침을 동반하고 있다. 하라가 아플 땐 내 신경이 평소보다 몇 배는 더 예민해진다.

"하라야, 자고 일어나면 제발 호전되기를 엄마가 빌게." _ 2019. 4. 1. 월요일

　하라가 미술학원에서 황토놀이를 했다. 온몸이 황토로 범벅되어 세탁할 일이 꿈만 같지만, 이런 자연 친화적인 놀이를 통해 스트레스도 풀고 친구들과 교감을 쌓는 게 참 좋다. 무엇보다 집으로 돌아가는 길에 둘이 손을 꼭 잡고 도란도란 얘기를 나누는 그 시간이 너무나 좋다. 또 내가 하라를 안고 갈 때도 자주 있어 힘은 들지만, 이런 게 아이를 키우는 맛이고, 둘만의 따뜻한 교감으로 행복이 멀리 있지 않음을 비로소 느낀다. 나는 하라와 교감할 때가 너무 좋다. 아무런 말이 없어도, 꼭 안고만 있어도 전달되고, 피드백되어 들어오는 정서적 흐름은 나를 이 세상에서 살게 하는 커다란 힘이다. ＿ 2019. 4. 5. 금요일

　하라와 함께 〈무민 - 소중한 보물〉이란 캐릭터 가족뮤지컬 공연을 보았다. 공연장이 집에서 가까워 좋았고, 하라와 아기 때부터 친구인 서호랑 함께 봤다. 일기예보를 듣고 우비를 입고 갔는데 진짜 비가 내려서 우비를 입고 가기를 정말 잘했다. 내가 봐도 좋은 공연이었으며, 하라도 너무 재미있어 했는데,

특히 주인공 무민이 하라와 악수를 해줘서 하라가 정말 좋아했다. 그런데 밤에 하라가 처음으로 초기 중이염 증상을 보여 차병원 응급실에 다녀와야 했다.

"하라가 아프지 말아야 할 텐데, 엄마가 걱정이다. 사랑하는 딸아." ― 2019. 4. 6. 토요일

오늘은 가족 모두 양재천으로 벚꽃 구경하러 갔다.

하루는 태어나서 처음으로 외출한 날이고, 하라는 태어나서 처음으로 벚꽃을 구경하는 날이다. 양재천에 도착하니 이미 벚꽃이 만개하여 장관을 이루고 있었다. 벚꽃의 꽃말이 '정신적 사랑', '삶의 아름다움'이라고 하니, 오늘은 이 두 가지를 모두 이루고 싶었다. 벚꽃길을 걸으니 핑크 벚꽃잎 흩날리는 풍경이 한 편의 영화 같았다. 게다가 사랑하는 남편과 눈에 넣어도 아프지 않을 하라, 하루 두 아이가 있다는 충만감에 나는 마치 꿈결 같은 세상에 있는 것 같았다.

"하라야, 너와 하루와 함께 처음으로 벚꽃길을 걷는다. 엄마가 너무 행복해." ― 2019. 4. 7. 일요일

하라가 어린이집도 못 가고 이비인후과부터 가야 했다. 주말에 응급실에 갔을 때는 중이염 초기라고 했는데, 정밀검진을 해보니 급성 중이염으로 번졌다는 것이다. 그래서 하라가 종일 떼쓰고 소리도 지른 것 같다. 오늘 영어 수업에서 하라가 집중력이 떨어진 게 보이자 오히려 내가 스트레스를 받고 말았다. 그깟 영어가 뭐라고… 이럴 때마다 닥쳐오는 이 무능한 엄마의 자책은 언제쯤 끝날 것인지.

"우리 하라가 아픈데도 잘 버텨주는데, 엄마가 정말 미안하다."__ 2019. 4. 8. 월요일

하라가 어린이집에서 어떤 아이에게 팔을 물리고 돌아왔다. 이번이 두 번째였다. 몹시 속상했지만, 아이들끼리 일어난 일이고, 후에 하라도 그럴 수 있는 일이라는 생각과 섣부른 항의는 돌이킬 수 없는 사태로 번질 수 있으므로 조심스럽고 난감했다. 아이들 싸움은 필연적으로 어른 싸움으로 번지는 일이 흔하여 더욱 고민스러웠다. 더구나 상대 엄마가 지금껏 사과조차 한 적도 없고, 주말이 지나도 치아 자국이 선명하게 남아, 피가 날 정도로 움푹 팬 하라 팔뚝을 보고 있으려니 그냥 가만

히 있는 게 최선이 아니라는 결론에 도달했다. 결국 아침에 어린이집을 찾아가서 선생님께 서운한 마음을 전했다.

담임선생님은 하라에게 선한 영향을 끼친 좋은 분이라는 걸 예전부터 알고 있었으므로 진솔한 대화가 이뤄졌지만, 상담 결과 깊은 고민 끝에 어린이집을 옮기기로 결론을 내렸다. 이런 상태로 하라를 계속 등원시키는 건 결코 하라에게 도움이 되지 않는다고 판단했다. 이 결정이 추후 하라의 삶에 도움이 될지, 아닐진 모르지만, 이 순간에 최적의 결정이라고 생각하였다.

"하라야, 새로운 곳에서 우리 다시 잘해보자." __ 2019. 4. 17. 수요일

놀이는 아이의 정서를 수용해주고 자율성을 높여준다고 한다. 나 역시 아이와 놀아주는 건 경험적으로 특별하고 즐거운 시간이다. 오랜만에 시간을 내어 하라와 단둘이 롯데월드에 갔

다. 아침 일찍 출발하여 그곳에 도착하니 오전 10시 30분쯤이었는데, 저녁 6시에 그곳을 나왔으니 무려 7시간 반을 머물며 놀이기구를 탄 셈이다. 우와~

날씨도 화창해서 좋았고, 하라와 함께 무려 13번이나 놀이기구를 타며, 너무나 즐거워하는 우리 하라를 바라보니 나까지 기분 전환이 되었다. 유아 놀이기구인데도 아직 하라 키가 모자라서 못 탄 기구도 많았지만, 지난번 아빠랑 셋이 왔을 때보다는 훨씬 많이 탈 수 있었다.

"하라야, 다음에 올 때는 키가 더 커서 오늘 하라가 타고 싶어 했던 물고기 모양 비행기도 꼭 타자. 그러려면 밥 잘 먹어야겠지?" ― 2019. 4. 20. 토요일

오늘 처음으로 하라에게 쑥버무리를 만들어주었다. 어릴 때 친정엄마가 날 위해 만들어주던 음식이다. 만드는 과정을 지켜본 하라는 꽤 관심을 보이더니 정말 맛있게 먹었다. 음식에 관한 대물림이란 이런 게 아닐까? 후에 하라가 엄마가 되었을 때도 내가 한 것처럼 자기 아이에게 자연스레 쑥버무리를 해줄지 모르겠다. 어릴 때 먹던 음식은 평생 잊지 못하고 많은 영

향을 준다던데…

"하라야, 내년에는 더 맛있게 만들어줄게. 잘 먹어줘서 고마워." __ 2019. 4. 25. 목요일

근로자의 날이라 하라 친구 서호네랑 압구정에 있는 북카페에 갔다. 그곳에서 2시간 동안 어른, 아이 할 것 없이 책을 읽었다. 조용히 때론 도란도란 내용을 설명하며 함께 읽는 책은 아이들과 엄마에게 보약 같은 시간이다. 독서는 우리의 정신에 탄력을 주고, 영혼의 갈증에 시원한 물을 주는 과정이라지. 이후 다 같이 백화점에 가서 파스타도 먹었다. 하라 친구 가족과 함께하여 더 좋은 날이었다.

"하라야, 오늘은 너도 좋았겠지만, 엄마가 더 좋았던 날이었어. 고마워." __ 2019. 5. 1. 수요일

미술학원에서 어린이날 선물로 비닐우산을 줬는데 하라는 우산이 마음에 들었는지 비도 안 오는 낮에 우산을 쓰고 돌아다니며 좋아했다. 또 미술학원 선생님이 하라에게 유성매직펜

뚜껑을 혼자 열어보라 했는데 너무 꽉 닫혀서 열리지 않았던 모양이다. 그때 하라가 옆에 친구랑 같이 열자고 하여 성공하자, "거봐? 우리 둘이 힘을 합치니까 되잖아." 그랬단다.

"하라, 너 제법인데? 이쁜 우리 딸." ― 2019. 5. 2. 목요일

어린이날을 맞아 하라랑 둘이서 오케스트라 공연을 보고 왔다. KBS교향악단 키즈 콘서트 플라잉 심포니였는데, 36개월 이상 되어야 입장 가능한 공연이라서, 37개월 된 하라가 아마 제일 어린 청중이었을 것 같다. 롯데 콘서트홀도 너무 좋고, 아기 하라가 공연 내내 집중하는 모습에 내년에도 가까운 곳에서 공연하면 또 오고 싶었다.

"어린이날에 하라 덕분에 엄마가 더 좋았네. 고마워." ― 2019. 5. 5. 일요일

친정엄마가 오셔서 하라와 하루 옷을 사주셨다. 그런데 미세먼지가 최악이라 밖에 나가지도 못하겠다. 공기 때문에 삶의 질이 달라지는 세상이 되었다. ― 2019. 5. 7. 화요일

어린이집 덕분에 하라로부터 벌써 두 번째 카네이션을 받고 있다. 내가 어버이라니 아직도 실감이 나지 않는다. 난 이미 하라라는 선물을 받아서 더는 바랄 게 없는데 말이다.

"엄마는 우리 하라가 그저 건강하게만 자라주기만을 바랄 뿐이야."

그런데 오늘 하라가 동생 하루 젖병을 공기청정기 위에 올려놓았다. 왜 그랬냐고 물었더니 밑에 두면 쏟아질까봐 올려놓았다고 한다. 너무 기특한데도 나이보다 성숙한 언행이 좋은지 모르겠다. 혹시나 내가 눈치를 줘서 그런 건지 걱정이 되기도 한다.

"하라가 기특한 짓을 해도 엄마는 걱정만 하는구나. 미안해, 하라야."__ 2019. 5. 8. 수요일

요즘 하라가 계속 죽음에 관하여 묻기 시작한다.
"엄마, 하루가 죽으면 어떡해?"

"엄마, 아빠는 안 죽어?"

확실히 하라는 빠른 것 같다. 무엇이 이 꼬마에게 죽음에 관하여 의문을 가지게 했을까? 정확한 답을 말해주기엔 나 역시 이 문제에 자유롭지 않았지만, 그래도 말해주었다.

"하라야, 사람은 누구나 한 번은 죽어. 그렇지만 엄마가 우리 식구 잘 돌보고, 건강검진도 잘 받고 있으니 걱정하지 않아도 된단다. 우리 가족 모두 오래오래 건강하게 살 거니까 아무 걱정하지 마."

하라가 내 말을 듣고 부디 안심하면 좋겠다. ＿ 2019. 5. 22. 수요일

하라가 전에 찍은 사진은 무작정 단추만 눌러 엉망으로 찍힌 게 많았는데, 오늘 찍은 사진들은 무슨 예술 작품 같다.

"하라야, 아무래도 너 미적 감각이 있는 거 같아."

내가 이러다가 고슴도치 엄마가 되는 건 아닌지 모르겠다.ㅎ ＿ 2019. 5. 23. 목요일

하라는 태어났을 때부터 머리숱이 적고, 길이도 짧아서 한 번도 미용실을 데려간 적이 없다. 그런데 이제는 머리카락도 매우 길고, 잔머리도 풍성해져서 미루고 미루다가 미용실을 찾았다. 그동안 제멋대로 자란 머리카락을 자르는데 보는 내가 속이 시원하였다. 그리고 내친김에 태어나서 처음으로 파마를 해주었다. 두피에 닿지 않게 머리카락 끝에만 파마했는데, 첫 파마는 잘 나오지 않는다고 해서 열 파마로 했다. 뽀글뽀글한 하라의 모습이 너무나 예뻤다.

"인형보다 더 예쁜 우리 하라, 이제 머리도 예쁘게 관리하자."__ 2019. 5. 25. 토요일

요즘에는 강아지 순이랑 산책할 때 하라가 목줄을 잡고 리드한다. 순이가 멈추면 하라도 멈추고 기다린다.

"많이 컸다. 우리 하라."__ 2019. 6. 1. 토요일

하라가 지한이 생일이라 서호랑 지한이네 집에 놀러 갔다. 그런데 케이크 한 조각 달랑 놓고서 지한, 서호, 하라 이렇게

셋이 돌아가며 생일파티를 세 번이나 했단다. 생일축하 노래가 좋은 건지, 아니면 촛불 끄는 게 재미있는지 셋은 손뼉 치며 넘 즐거워했단다. 생각만 해도 귀엽다. 초등학교 갈 때까지 셋이 사이좋게 무럭무럭 크면서 따뜻한 우정을 키우면 좋겠다.

그러나 다 좋은데, 하라는 서호와 만나면 정말 잘 재밌게 놀다가 꼭 끝에 가서 싸우고 헤어진다. 아무리 싸우면서 큰다고 해도 이건 너무 심하지. 아무튼 귀여운 아이들이다.

"하라야, 서호랑 안 싸우고 헤어지면 안 되겠니? ㅎ" __ 2019. 6. 11. 화요일

하라의 영재 테스트가 있었다. 테스트 결과 5% 안에 들면 영재라는데 놀랍게도 그 안에 들었다. 아니, 영재 판별이 이렇게 쉬운 거였나?

"하라야, 너 정말 영재니?" __ 2019. 6. 18. 화요일

하라가 어린이집을 졸업하고 유치원에 다닌 지 2일째 되었다. 조금 컸는지 아침에 신경질도 내지 않고 흥얼거리며 스스

로 일어나고 있다. 셔틀버스도 씩씩하게 잘 타는 하라가 너무 기특하다.

"우리 하라, 요즘 너무 당차고, 야무지고, 멋있다." __ 2019. 6. 25. 화요일

하라에게 좋지 않은 습관이 있다. 엄지손가락 빠는 습관인데 보기 좋지 않은 건 물론이었고 손가락, 치열, 턱, 입 모양이 변형된다 해서 겁이 났다. 위생상 걱정도 되어서 처음엔 레몬즙, 식초도 발라봤고 밴드, 매니큐어, 스티커도 붙여보며 혼내기도 여러 번 하였는데 모두 소용없었다.

그러다가 마지막 방법이라 생각하고 '손가락 문어'라는 책을 읽어주었다. 손가락을 자꾸 빨면 손가락 문어가 점점 커질 거고, 엄청나게 커진 손가락 문어 때문에 집 밖으로 나갈 수 없다는 내용인데, 책을 다 읽어주자 하라가 엄청나게 충격을 받은 모양이었다. 스스로 손가락을 빨지 않겠다고 선언하고 이제 이틀이 되었다.

"엄마는 우리 하라가 너무 귀엽고 기특해." __ 2019. 7. 7. 일요일 소서

하라와 하라 친구인 서호를 데리고 저녁에 롯데 콘서트홀에서 오케스트라를 관람했다. 영상은 디즈니 코코였는데, 둘은 매우 열심히 듣고 봤으며, 어른인 내가 봐도 가족의 소중함을 일깨우는 좋은 내용이었다. 피곤했는지 집에 오는 길에 하라는 차 안에서 스르르 잠이 들었다.

"하라가 피곤했구나. 우리 하라랑 손을 잡고 다닌 오늘이 엄마에게도 너무 즐겁고 아름다운 하루였어." _ 2019. 7. 24. 수요일

경자년 새해가 밝았다. 봉은사에 가서 새해맞이 초도 켜고, 식구들을 위해 간절하게 기도했다.

'사랑하는 우리 딸, 엄마 뱃속에서 꼬물대던 때가 엊그제 같은데 벌써 우리나라 나이로 다섯 살이 되었구나. 엄마는 매일매일 하라로 인해 기적이고 감동이야. 언제나 다치지 않기를, 아프지 않기를, 늘 우리 하라가 행복하기를. 올해도 엄마랑 잘 해보자. 잘 부탁해.'

이렇게 기도했는데 우리 공주 하라는 오늘 일을 훗날 기억할까? __ 2020. 1. 1. 수요일

엄마인 내가 더 기다린 하라의 유치원 개학날이다. 좋으면서도 한편으로는 방학 동안 하라의 기대치만큼 만족스럽게 놀아주지 못해서 미안하기도 했다. 오늘을 기다렸지만, 막상 하라를 셔틀버스에 태워 보내고 나니 가슴이 먹먹하고, 하원을 기다리게 되는 마음이 애틋했다. 하원 후 집에 도착했을 때, 오늘 어땠는지 하라에게 물었다. 다행히 하라가 유치원에서 친구들과 잘 놀았다고 했다.

"하라야, 오늘처럼 올해 내내 즐거운 유치원 생활이 되었으면 좋겠다." __ 2020. 1. 2. 목요일

일요일이라 하라와 오전 11시부터 단둘이 밖에서 놀다가 밤 10시에 집에 돌아왔다. 하라와 인형극을 보고, 빙수도 사먹고, 옷가게도 들르고, 아쿠아리움과 뽀로로 파크도 가면서 엄청나게 돌아다녔다. 유모차를 가져가지 않아서 종일 하라를 업

고 다녔지만, 별로 힘들지 않을 만큼 즐겁고 행복한 하루였다.

"하라야, 우리 딸이랑 같이 있으면, 엄마가 좋아서 힘든 줄도 모르나봐." ― 2020. 1. 12. 일요일

최근 들어 하라가 "안쓰러워", "쑥스러워" 등 이런 표현을 적절하게 잘 사용하고 수와 양, 그리고 시간 개념에 관심이 깊다. 가령 내가 "10분이나 지났어." 하거나 "30분만 TV 보자"라 말하면, "엄마, 10분은 적은 거야? 많은 거야?" 묻고, 수치를 기억해두었다가 다음에 "엄마, 10분은 적어요. 30분만 더 볼래요." 이런 식으로 반드시 활용한다. 항상 느끼지만 내가 가르치는 것보다 늘 앞서 나가는 하라의 언어 구사 능력이다.

"하라야, 엄마가 더 분발해야겠다." ― 2020. 1. 16. 월요일

다섯 살짜리 딸의 마음은 읽기가 너무 힘들고 비위나 장단을 어떻게 맞춰야 할지 모르겠다. 오늘은 내 말을 중단하더니 "엄마, 여러 번 말하지 말고 한 번만 말해. 그건 아까 말한 거잖아." 하고 말한다. 아이의 말에 어처구니없던 나는 혼자 중얼

거리며 생각한다.

"그래, 어떤 것들이 싫고 불편한지 조금은 알 것 같아. 앞으로 하라가 싫어하는 것들은 줄이거나 하지 않도록 노력해볼게." __ 2020. 1. 17. 금요일

오늘은 하라가 내게 이렇게 말했다.
"엄마, 사랑해. 몸 아프지 말고 건강히 살아."
"알았어, 고마워. 그런데 그런 말을 누구에게 배웠어?"
"아무한테도 안 배우고 그냥 내가 알았어."
기가 찼지만, 부인할 수 없는 딸의 '폭풍 성장'이었다. 그리고 나를 실신하게 할 멘트를 날렸다.
"엄마, 사랑해. 잘 키워줘서 고마워." __ 2020. 1. 19. 일요일

하라가 어느새 손에 힘이 많이 생겨 큰 집게 핀을 혼자 손으로 벌려서 빼는 모습을 보고 많이 놀랐다. 왜냐하면 그전에는 손아귀에 힘이 없어서 핀을 잡아당겨 뺐기 때문이다.

"하라야, 엄마는 너를 보면서 매일매일 놀람의 연속이란다."
__ 2020. 2. 17. 월요일

1월 말부터 전 세계로 퍼진 '코로나 바이러스' 때문에, 하라가 다니던 유치원을 갑작스럽게 그만두게 되었다. 치료약도, 백신도 없는 상황이고, 중국 우한에서는 벌써 수많은 사람이 걸려 좋지 않은 뉴스가 매일 나오고 있다. 나뿐 아니라, 할아버지와 할머니도 살면서 처음 겪는 일이라 당분간은 집에 계속 있을 예정이다. __ 2020. 2. 24. 월요일

원래대로라면 하라가 내일부터 새 유치원에 다녀야 했다. 하지만 시국이 시국인지라, 역사상 처음 코로나 바이러스 사태로 학교, 유치원의 입학, 개강 등 모든 게 뒤로 미뤄졌다. 집에서 책을 더 많이 읽어주려 노력 중이고, 트램펄린도 가장 큰

사이즈로 주문했다. 여기에다 한글공부와 미술놀이도 집에서 진행해야 한다.

답답하고 심심해 보이는 하라를 보며, 그제는 치우는 게 일이긴 했지만, 집에서 비눗방울을 불어주었다. 그런데도 하라는 얼마나 심심한지 커다란 플라밍고 인형을 안방으로 데려와서 이불 덮어주는 놀이를 하고 있었다.

또 '요상하다', '이상하다', '끔찍하다'의 뜻을 묻고 적용해서 바로 사용하는 똑똑한 하라를 보며, 어떻게 교육해야 할지 생각하고 또 고민하고 있다. __ 2020. 3. 1. 일요일

세상에서 가장 소중하고 예쁜 하나밖에 없는 우리 하라의 네 번째 생일이다. 코로나 시국에서 최근에 애니메이션 '겨울왕국'이 열풍이다. 하라에게 며칠 전 뭘 갖고 싶냐고 물으니 거침없이 "엘사"라고 말한다. 또 케이크는 어떤 걸 먹고 싶냐고 물으니 "엘사 케이크"라고 한다. 결국 딸의 바람대로 우리 집을 아예 엘사의 집으로 꾸며버렸다.

엘사, 안나, 올라프 풍선 한가득은 물론 내 취향은 아니지만, 우리 딸 취향을 한껏 존중해서 엘사 원피스, 엘사 구두, 엘

사 케이크, 엘사 토퍼, 여기에 하라가 좋아하는 토마토스파게티, 마카롱과 초콜릿 쿠키, 또 딸이 좋아하는 핑크 튤립까지 가득가득 채워주었다. 코로나로 문밖에 나가지 못한 지 두 달이 다 되어가지만, 하라 덕분에 오늘 우리 집은 너무도 예뻤고 행복으로 가득 찼다.

"하라야, 엄마는 언제나 변함없이 널 응원하고 사랑하고, 늘 하라 편이라는 걸 잊지 말아줘. 또 늘 행복하고 건강했으면 해. 생일 축하한다. 소중하고 예쁜 우리 딸." ― 2020. 3. 25. 수요일 하라 생일

어제는 밀린 예방접종을 하고 왔다. 두 달 동안 코로나 여파로 집 앞은 고사하고 현관문 밖도 나가지 않던 나와 하라였다. 그런데 오랜만에 나왔더니 세상은 완연한 봄이었다. 마스크를 했음에도 하얀 벚꽃, 개나리 등 봄꽃 내음이 향긋했다.

그 봄내음이 다시 맡고 싶어 오늘은 코로나 후유증을 핑계

삼아 하라와 정신과 병원을 다녀왔다. 검사 결과, 특이한 현상은 없었다. 의사는 우리뿐만 아니라, 많은 주민이 코로나로 집에만 있어 우울증 검사를 받으러 온다고 했다. 병원만 들러서 바로 집에 들어왔지만, 하라와 둘이 손잡고 걸으니 모든 게 꽃길이었다. 오늘은 특별히 그랬다. ＿ 2020. 4. 2. 목요일

　

이렇게 좋은 봄날, 코로나로 종일 집에만 있는 게 답답하고 안쓰럽다. 그래서 요즘 우리 집엔 장난감 택배가 늘 온다. 오늘은 목욕놀이 장난감 똑같은 것 2개를 주문했다. 분명 다른 것을 주문하면 하라와 하루 둘이 티격태격 싸울까, 고민한 탓이다. 장난감 놀이하느라 둘이 한참을 정신없이 보낸다. 얼른 코로나 백신이 나와서 아이들과 밖에서 뛰어놀고 싶다.

"하라야, 엄마도 이렇게 답답한데, 한창 뛰어놀아야 할 너는 얼마나 답답하겠니? 조금만 참자, 착하고 예쁜 내 딸." ＿ 2020. 4. 5. 일요일

　

표고버섯 키우기 키트를 샀다. 코로나 사태가 지속되니 별

걸 다 한다. 하라는 아기 땐 버섯을 참 잘 먹었다. 그런데 언제부터인가 느타리버섯이 애벌레 같다고 하더니 모든 버섯을 거부한다. 오늘부터 함께 버섯을 키우며 다시 친해지면 좋겠다.
__ 2020. 4. 8. 수요일

오늘은 음력으로 하라의 네 돌 생일이다. 삼신상 음식은 자정 넘어서부터 준비해야 한다고 해서 그때부터 재료를 씻고 다듬고 만들어 놓았다. 그런 후 새벽 동틀 때쯤 하라의 무병장수를 기원하는 삼신상을 차리고 축문을 읽었다. 이 행사는 하라와 하루의 각각 음력 열 번째 생일까지 계속할 생각이어서 나름대로 진중하고 엄숙하게 치렀다.
"엄마 정성을 생각해서 우리 딸 아무 탈 없이 건강하게 잘 자라다오. 생일 축하하고 엄마가 우리 딸 너무너무 사랑해." __
2020. 4. 17. 금요일

나도 태어나 처음 겪는 코로나 사태이다. 너무 지독하고 무섭다. 어린 하라와 하루에게 마스크를 쓰게 하는 그 자체도 미안하고 안타깝다. 나도 마스크 쓰면 잠깐이라도 이리 갑갑한데, 아이들은 얼마나 답답할까 싶다.

이렇게 볕 좋은 봄날, 놀이터에도 못 나가고, 한강에도 못 가고 집에만 틀어박혀 있어야 하는 게 무슨 일인가 싶다. 영화에서만 나올 법한 일이 현재의 우리 일상이 된 게 도무지 믿어지지 않는다. 백신과 치료제가 얼른 나와서 코로나 이전의 생활로 돌아가면 좋겠다.

아이들에게 매일 힘들고 미안한 마음만 드는 요즘, 희망이 있다면 얼른 코로나 사태가 종식되어 아이들과 예쁜 거, 보고 싶은 거 많이 보러 다니는 그것뿐이다. 평소의 상태가 얼마나 감사하고 소중한 것인지 우리에게 일깨우는 신의 섭리를 느끼는 요즘이다.

"하라야, 약이 나올 때까지 조금만 참자. 신께서 천사 같은 너희들을 이렇게 가둬두지는 않으실 거야." __ 2020. 4. 29. 수요일

여섯,
아이를 키운다는 건
기쁨이자 경이로운
축복이다

제주에서 서울로 올라오는 비행기 안에서 나는 뭔가를 기다리고 있었다. 그러다 공항에 도착하여 핸드폰을 켜자마자 나는 소리를 질렀다. 저번에 제출한 하라의 그림이 공모전에서 전국 2위를 차지한 거다. 당시 5천 명이 넘게 지원하여 설마, 하고 생각했는데, 아까 비행기 안에서 느낌이 남달라 혹시나 하고 기대한 거였다. 이번 공모전은 초등부도 출전했으니,

실제 유아부에선 하라가 1등이다. 이게 꿈인지, 현실인지 모를 지경이다. 내 마음은 아직도 하늘 위에 둥둥 떠 있는 기분이다.

"축하해! 나의 어린 피카소!"__ 2020. 5. 19. 화요일

기쁨과 흥분의 연속이다. 예술에, 특히 그림에 소질이 있을까? 아니면 하라의 착하고 예쁜 마음이 전달이 된 것일까? 두 번째 공모전도 당선이 되어 하라의 작품이 미술관에 전시가 된단다.

주제가 '고마운 마음'이었다. 아마 코로나로 고생하는 의료진 등 힘든 상황 속에서 함께 힘내고 있는 우리 모두에게 고마운 마음을 자유롭게 그리라고 한 것 같다. 하라에게 고마운 마음을 지금 스케치북에 그려볼 수 있냐고 물었더니, 하라는 거침없이 쓱쓱 그리기 시작한다. 본인 이름인 '임하라'도 적고, 도화지엔 온통 핑크빛 천지와 하트, 그리고 울고 있는 사람, 천둥 번개를 그린다. 이어지는 하라의 자세한 설명이 놀랍다.

"이건 신호등이고, 이건 손드는 거야."

"엄마, 아빠가 신호등 건널 때 손들고 가라고 가르쳐주셔서 고마운 거지. 또 임하라는 왜 적었냐면 내 이름도 고마운 거

고."

"해님도 천둥 번개가 치는 하늘도 있어서 고마워. 천둥 번개가 무서워서 우는 것도, 슬픈 것도 고맙고, 사랑하고 행복해서 웃고 있는 거야. 사랑하고 행복해서 하트 그렸어. 우리가 죽으면 다 볼 수 없고, 느낄 수 없는 거라서 전부 다 고마운 거지."

하라의 설명을 듣고 곰곰이 생각했다. 칭찬은 고래도 춤추게 한다고 했는데, 코로나를 핑계로 집에서 아이에게 꾸지람만 하지 않았을까, 하는 자책과 성찰이었다. 오늘 하라의 말이 나를 더욱 단단하게 하는, 좋은 거름이 될 줄은 꿈에도 몰랐다.

— 2020. 5. 28. 목요일

하라의 친구 유리네 가족과 함께 정선으로 놀러 갔다 왔다. 유리는 하라에게 좋은 친구였는데, 곧 일본 나고야로 이민 가야 해서 나도 매우 아쉽다. 그래도 엄마들끼리는 계속 연락하니 한국에 오면 만나고, 우리도 나고야에 놀러 가자면서 하라를 달랬다. 물놀이하며 아이들은 잘 놀았는데, 하라가 수영장에서 모자를 안 쓰고 노는 바람에 머리 가르마 탄 부위에 화상을 입고 말았다. 머릿속에 붉은 줄이 선명하게 생긴 걸 보고 나는 또 자책했다. 미안한 마음에 곧바로 코코넛 오일과 알로에 젤로 두피 마사지를 해주었다.

"엄마가 신경을 못 써서 미안해, 하라야." ＿ 2020. 6. 6. 토요일

스타벅스 과천 DT점 2층 별빛갤러리.

하라의 존재만으로도 가슴이 너무 벅차 감사한데, 다섯 살밖에 안 된 하라가 오늘 우리에게 이런 멋진 선물을 주고 있다. 하라의 두 번째 그림이 공모전에 당선되어 작품 감상 겸 갤러리를 다녀왔다. 주제는 "함께라서 고마워요"이고, 하라가 낸 제목은 "살아있는 건"이었다. 그림 설명은 일전에 하라가 우리에게 직접 한 것과 비슷했다.

"엄마, 아빠가 신호등 건널 때 손 들고 건너는 거라 가르쳐주어 고맙습니다. 임하라, 내 이름도 고맙습니다. 해님도, 천둥

번개가 치는 하늘도 고맙습니다. 그 천둥 번개가 무서워서 슬 픈 것도, 우는 것도 고맙습니다. 사랑하고 행복해서 웃는 거라서 하트 그림을 그렸습니다. 우리가 죽으면 다 볼 수 없고, 느낄 수 없는 거라서 모든 것이 고맙습니다."

마카펜과 반짝이풀, 물감을 이용하여 열심히 정성 들여 그린 하라의 그림은 나의 가슴을 몽글몽글하게 만들었다. 보는 사람에게 감동을 주면 그게 바로 작품 아닌가? 하라의 감성적인 재능과 표현에 관한 논리 정연함이 나를 일깨우고 놀라게 한다. 너무도 행복한 날이었다.

"우리 하라 마음엔 엄마한테 없는 뭔가가 있나봐. 몰라봐서 엄마가 미안해." ― 2020. 7. 5. 일요일

오늘 아침엔 하라가 꽃그림을 그려주더니 엄마한테 주는 선물이라 한다. 그러면서 이걸 자기 방 옷장 안에 붙여놓자고 했다. 그 이유는 엄마가 아침마다 하라 옷을 꺼낼 때마다 볼 수 있지 않냐고 했다. 이게 뭐지? 너무 깜찍하고 상상하기 어려운 하라의 발상에 나는 그만 얼어버렸다.

"그래 하라야, 엄마가 아침마다 하라 옷 꺼내면서 하라 생

각하고, 또 감사한 마음을 잊지 않을게. 내 딸, 고마워." __ 2020. 7. 8. 수요일

코로나 때문에 집안에 누군가 아프거나 열이 나면 초긴장이다. 게다가 엄마인 나는 절대 아프면 안 되는데, 오늘은 내가 열이 나고 오한이 들어서 죽을 맛이다. 하라가 유치원 하원을 하면서 같이 손을 잡고 걸어 들어오는데 물었다.

"엄마, 오늘 왜 하라 손 꽉 잡지 않아?"

"응, 엄마가 오늘 좀 아파."

"그럼 엄마, 하라가 앞에서 손 끌어줄까?"

갑자기 하라가 다섯 살 맞을까, 하는 생각이 들었다. 게다가 이어서, "하라는 엄마 자꾸 아픈 거 싫어. 사랑하니까."라고 말하는데 괜스레 가슴이 뭉클하다. 이런 건 남들 앞에서 자랑해도 되지 않을까 싶다.

"우리 하라가 벌써 효녀 노릇까지 하네. 그냥 예쁘게만 커다오. 내 사랑." __ 2020. 7. 17. 금요일

오늘은 오전부터 비가 장대같이 내리다가 하라가 유치원 하원할 때쯤 그쳤다. 그래서 킥보드를 들고 마중 나갔는데, 땅이 질퍽하여 킥보드는 물론이고, 놀이터 그네도 탈 수가 없었다. 그런데도 하라는 내 말을 뒤로한 채, "이것 봐. 엄마, 이렇게 서서 타면 돼." 하며 그네를 자유롭게 타는 게 아닌가. 그야말로 발상의 전환이었다. 아까부터 아파트 단지에서 노는 언니, 오빠들과 어울리고 싶었지만, 끼지 못하고 눈길만 주는 하라가 안쓰러워 그냥 씩, 하고 웃어주었다. 하라는 키도, 마음도 쑥쑥 자라는데 나만 그걸 모르나 싶기도 하다.

"그래 하라야, 마음껏 자라렴. 엄마는 육아도서를 마저 읽고 하라 옆에서 코~ 잘게." ― 2020. 7. 29. 수요일

육아 웹툰작가로 활동하는 권보람 씨는 아이를 낳고 기르는 것은 '설렘과 감동이 있는 경험'이라고 정의하였다. 나 역시 육아 동지로서 그 말에 공감하면서, 하라에 이어 하루까지 낳기를 잘했다는 생각이 든다.

하라가 속상한지 괜히 떼를 쓰며 앙앙, 하고 우니까 동생인 하루는 하라가 아끼는 곰돌이 지갑을 누나에게 가져다주었다. 그리곤 여기에 그치지 않고 머리를 쓰다듬으며 꼭 껴안아주는 게 아닌가. 누가 형제 아니라고 할까봐 그렇게 둘이 감동을 안겨줄 때 나는 조용히 속으로 말했다.

"사랑이야, 너희 둘은." __ 2020. 7. 31. 금요일

코로나가 다시 엄청나게 퍼졌다. 무섭다. 너무도 위험해서 오늘은 하라를 유치원에 보내지 않았다. 세상에서 하라보다 소중한 건 없으니까 말이다. 주말엔 16장이 넘는 드릴식 수학 문제집을 다 풀어주었는데, 하라가 잘 따라와 주었다. 그런데도 내 욕심이 지나쳤나 보다.

하라가 매일 유치원에 등하원하는 자체만으로도 기특한데, 참으로 고마운 딸인데, 또 나에게 과분한 딸인데 왜 자꾸 아이에게 분노를 쏟을까? 또 나는 하라로 인해 꽉 찬 행복을 느끼는데, 왜 하라의 작은 잘못을 그냥 못 넘길까? 오늘도 반성한다. 오늘 종일 꼭 안고, 잠도 자고, 색칠도 했다.

"엄마가 다 잘못했어. 소중한 우리 딸에게 그깟 수학이 뭐

라고…"

더욱더 사랑하는 것밖에는 사랑의 치료법이 없다.

― 소로

잊지 말자, 다짐하는 밤이다. __ 2020. 8. 17. 월요일 새벽

코로나가 장기화되다 보니 하라도 답답하겠지만, 동생 하루는 키즈카페조차 구경을 못해봤다. 하라와 비교해봐도 하루는 놓친 경험이 너무 많다. 그래서 오늘은 원목으로 된 종합놀이 아이들 체육 gym을 구매했다. 대형 트램펄린에 키즈카페 못지않은 우리 집이 되어버렸지만, 잘 노는 아이들을 보니 그나마 마음이 편하다. __ 2020. 9. 1. 화요일

숲길을 걷는 건 좋은 건강법이다. 그런 숲의 좋은 영향을 받고자 우리 가족은 첫 서울숲 나들이에 나섰다. 마스크를 썼음에도 웃음이 귀에 걸린 게 보인다. 하라 또한 발걸음이 경쾌

했다. 하라와 하루, 두 소중한 생명이 쫑알거리는 숲, 피톤치드가 무한정 뿜어 나오는 숲을 함께 걸어 세상 부러울 거 없이 좋았던 날이다. __ 2020. 10. 4. 일요일

올해 2월부터 하라에게 한글공부를 본격적으로 시켰다. 그런데 굳게 먹은 마음이 한 달도 채 되지 않아서 흐지부지해지면서 깨달은 게 있었다. 그건 '자식은 내 마음대로 되지 않구나.' 하는 모든 부모의 공통적인 깨달음이었다.

공부, 이게 뭐라고 하라에게 화를 내는지, 이게 무슨 급한 일이라고 어린아이를 심하게 다그치는지 아무리 생각해도 지나친 일인 것 같았다. 한글공부로 좋았던 우리 모녀 사이가 깨질까봐 잠시 덮기로 했다.

그리고 몇 개월의 시간이 흘렀다. 10월쯤 다시 시작한 한글공부는 연초와는 다르게 진도가 금방 나가더니, 급기야 오늘은 내 글씨보다 더 예쁘게 편지까지 썼다. 그제야 나는 또 깨달았

다. 모든 일에는 다 때가 있다는 사실을… ㅡ 2020. 11. 28. 토요일

최근 하라 코에서 코피가 자주 흘러 놀라는 일이 잦았다. 순간 내가 요즘에 공부를 너무 많이 시키는 건가? 전혀 그렇지 않을 텐데 하면서 또 반성했는데, 그런데 그게 아니었다. 알고 보니 하라가 코를 너무 세게 파서 생긴 해프닝이었다. 날씨가 너무 건조한 탓도 있을 것 같다. ㅡ 2020. 12. 6. 일요일

코로나 확진자 수가 무섭게 증가 중이라 유치원에 안 보낸 지 꽤 됐다. 그런데 오늘은 정부 지침에 따라 유치원에서 공문이 왔다. 28일까지 휴원이라고 한다. 다른 친구들도 못 가겠구나, 하고 하라를 안심시켰다.

이런 시국에는 잠시 멈추는 것도 좋겠다는 생각이 든다. 혜민 스님도 〈멈추면 비로소 보이는 것들〉이란 책에서 '떠들썩한 시간과 바쁜 삶에서 한숨 돌리고, 인생에서 무엇이 정말 중요한지 생각하자'라고 하지 않던가.

"하라야, 어떤 때는 멈추는 게 더 빨리 가는 방법이 되기도 한단다."__ 2020. 12. 7. 월요일

　소복하게 쌓일 만큼 첫눈이 내렸다. 내 마음에도 쌓였다. 어릴 때나 지금이나 첫눈이 주는 감성은 크다. 하지만 코로나가 너무 심해서 밖엔 나갈 수 없었다. 코로나 확진자가 1,030명으로 역대 최다였다. 첫눈이 오면 하라와 할 게 많이 있었는데, 그런 경험을 느끼게 해줄 수가 없어 미안한 마음이다. 그런데 오히려 요즘 하라가 내 눈치를 많이 보는 것 같아 마음이 불편하다. 평소보다 애교를 더 부리고 사랑한다는 말을 자주 한다. 그걸 그대로 받아들여도 괜찮을 건지, 모르겠다. 하라가 내게 사랑을 표현할수록 괜히 찔리는 것 같아, 미안한 감정이 먼저 든다. 첫눈이 오는데도 말이다.

　"하라야, 엄마가 우리 하라에게 미안한 게 많나봐. 그래서 더 미안하기도 하고. 모든 일은 다 엄마 탓이란다. 사랑하는 하

라야." __ 2020. 12. 13. 일요일

　미세먼지도 없이 하늘이 매우 깨끗한 날이다.

　참으로 오랜만에 글을 쓴다. 하라의 성장 발달 과정은 나에게 벅찬 감동이라 빠짐없이 기록하고 싶은데, 두 아이의 육아부터 살림까지 하다 보니 늘 시간과 체력이 아쉽기만 하다.

　하라는 올해 2월에 대치동에서 유명한 유치원으로 옮겼다. 엄격한 테스트를 통해 우수한 반으로 합격해 들어갔고, 하라는 빨리 적응을 잘하고 있다. 단지 아쉬운 건 셔틀버스가 없어서, 내가 매일 등하교를 책임지지만, 마음은 뿌듯하다. __ 2021. 6. 25. 금요일

　오늘은 하라와 같은 반 친구 6명이 별도로 서울숲으로 액티비티 자연체험을 하고 돌아왔다. 하라는 이제 100% 영어 회화를 구사할 만큼 영어 실력이 늘었다. 이번 자연체험은 선생님이 원어민 교사로 구성되어서 100% 영어 수업으로 진행되었다. __ 2021. 6. 27. 일요일

2019년부터 1년에 한 번 롯데월드 회전목마 앞에서 하라와 뽀뽀하는 사진을 찍어 보관해왔다.

2019년

2020년

2021년

2022년

하라는 서 있고 나는 한쪽 무릎을 꿇은 채 뽀뽀하는 우리의

옆모습이다. 오늘이 3번째인데 사진을 보고 또 한 번 가슴이 뭉클해온다. 사진을 보니 문득 하라가 태어났을 때 어떤 상황이 와도 늘 하라만 응원하겠다고 다짐했었는데, 마음과는 다르게 신경질적으로 우리 딸을 대했던 적도 있어 너무나 후회가 된다.

"그럴 때마다 그러지 말아야지, 예쁘게만 말해줘야지 생각하면서도 엄마는 왜 또 반복하고 반복하는지 모르겠어. 사진을 보며 다시 굳게 다짐하고 있어."

"그런데 하라가 엄마의 앉은키를 넘어섰네! 나의 전부, 나의 보물 1호야." ― 2021. 8. 31. 화요일

오늘은 하라가 태어난 지 2,000일이 되는 날이다.

우리 하라가 어느새 훌쩍 성장해서 내가 쓴 카드를 읽고 있다. 너무도 감사한 날이다. 하긴 감사한 게 오늘뿐만 아니다. 하라가 태어난 뒤 하루도 감사하지 않은 날이, 가슴 찡하지 않은 날이 없었다.

하라와 사계절을 모두 느끼면서 일상생활을 하고, 손잡고 같이 걸으며, 맛있는 음식을 함께 먹고, 책을 읽으며, 목욕하고

같은 침대에 누워 잠을 자며 아침을 맞이하는 모든 일상이 나에겐 감사함을 넘어서 기적 같은 일이었다.

또 요즘의 하라는 나에게 딸뿐만 아니라, 매우 친한 친구 같기도 하다. 하라와 시시콜콜한 마음조차 공유하는 것이 참 좋다. 나에게 매일 세상에서 제일 예쁘다고 말해주는 유일한 아이. 내가 하라 엄마라서 너무 좋다고 말해주는 아이. 그럴 때마다 가슴 벅차고 너무 기뻐서 정말 잘해야겠다고 다짐하며 편지를 남긴다. ＿ 2021. 9. 14. 화요일

나의 멋진 딸, 엄마는 언제나 고마워.
알라딘의 자스민에게 푹 빠진 하라야.
세상 어떤 것에도 얽매이지 않고, 하라의 인생을 살았으면 해.
또 남이 원하는 것이 아닌, 하라가 원하는 것을 가졌으면 해.
실수해도, 못해도, 틀려도 괜찮아.
다시 일어설 수 있는 용기와 힘만 있으면 된단다.
하라가 좋아하는 자스민 공주처럼 말이야.
무엇보다 제일 중요한 것은 아프지 말고 다치지 말자.
알았지? 나의 공주야.

코로나 영향으로 거의 한 달째 계속 집에만 있는 하라가 보기에도 안쓰럽기만 하다. 하라가 크림의 질감이 이상하다며 크림류는 전혀 먹지 못해서, 태어난 지 2,000일이었던 어제는 초콜릿으로 감싸 있는 케이크를 골라왔다. 선물은 하라가 요즘 퐁당 빠져 있는 쟈스민 인형을 선물했다.

"하라야, 초콜릿 카페인 주의!! 반 조각만 먹기야. 쟈스민 인형도, 하라도 너무 예쁘지만, 엄마 눈엔 하라가 더 인형 같아." ― 2021. 9. 15. 수요일

땅콩 책상을 쓰던 하라에게 진짜 책상을 사주려고 몇 달을 고민하며 백화점을 둘러봐도 눈에 딱 들어오는 책상이 없었다. 그런데 감각 넘치는 사장님이 직접 만들고 운영하는 가구업체를 발견하여 주문 제작했던 원목 책상이 5주 만에 들어왔다. 하라가 어찌나 좋아하던지 나까지 기분이 날아갈 듯하다. 작은 책상만 사용하다가 진짜 책상다운 책상이 들어오니 바로 혼자 사부작사부작 만들기도 하고, 독서도 하고, 공부도 하는데 잘 사줬다는 생각이 든다.

"하라야, 네가 좋아하고 집중하는 모습을 보고 있으면, 엄마

가 왜 이렇게 설레는지 모르겠네." ㅡ 2021. 10. 14. 목요일

지난 9월에 동생 하루와 쾅 부딪혀서 흔들리게 된 하라 이를 어제 뽑았다. 엑스레이를 찍어보니 새 이가 아직 밀고 나오진 않았지만, 곧 나올 테니 기다리란 말을 들었다. 그리고 잠든 딸 베개 밑에 Tooth fairy 동전과 편지를 넣어놓았다. 하라가 아침에 일어나 편지를 읽더니 하는 말,

"헉!! 엄마 투쓰페리가 엄마 펜 빌려서 편지 적었나봐!!!"

안녕, 사랑스러운 하라

2021년 11월 3일 저녁 8시 30분, 서울시 강남구에 있는 치과에서 하라의 앞쪽 아랫니가 톡! 하고 빠졌군!!! 축하해, 하라!!! 하라의 튼튼하고 예쁜 치아가 새싹처럼 돋아날 수 있도록 나는 주문을 외우고, 요정 나라에서 가져온 동전을 선물로 두고 간다. 아참! 하라가 잘 때 치아를 들춰보았지. 역시 충치 하나 없이 나를 놀랍게 만들었어. 내가 다음 방문할 때도 충치가 없기를 바랄게.

이를 잘 닦고 있으렴!!

- 치아 요정

의젓한 우리 딸에게 너무 감사했던 오늘이다. ― 2021. 11. 4. 목요일

입동이다.

그제는 하라, 하루를 데리고 셋이 서울랜드를 다녀왔다. 또 어제는 하라 아트 수업 끝나고 도산공원 낙엽을 하라와 실컷 밟고 다녔다. 추워지기 전에 참 잘했다는 생각이 든다.

"하라의 올겨울 역시 반짝반짝 빛나겠지!! 엄마가 그렇게 해줄게, 하라야." ― 2021. 11. 7. 일요일

하라가 방에서 혼자 꼼틀거리다가 갑자기 작가가 되고 싶다더니 종합장을 오려 책을 만들었다. 책 내용은 이렇다.

누구 업나요?

어두워지고 더 어두워지고,

바람이 불고 휭휭 소리가 들려요.

생물들이 죽어가요.

쓰레기, 음식물 쓰레기 그렁 거뜨른

지구를 아푸게 만들어요.

"하라야, 너는 엄마를 설레게 만들어요." ㅡ 2021. 12. 27. 월요일

눈은 '마음의 창'이라고 한다.

눈이 큰 사람은 감수성이 발달하고, 눈이 작은 사람은 이성적이라는 말도 있지만, 아이의 눈은 모든 걸 뛰어넘는다. 하라의 눈을 보면 어떤 왜곡이란 걸 볼 수가 없다. 아직 아이라서 그런 걸까? 순수와 진실만이 가득한 눈, 나는 그 눈에서 하라의 모든 걸 볼 수가 있다. 그래서 눈은 모든 것을 말해준다고 하나 보다.

때론 이 눈 속으로 하라를 사랑하는 내 마음이 온전히 전해진다면 얼마나 좋을까, 하고 생각한다. 가끔 하라를 보면서

느끼는 이유 모를 벅찬 감정도, 아프다는 투정을 모르는 척한 채 꽉 껴안아주고 싶은 충동도 어쩌면 그 눈에 푹 빠지고 싶다는 마음인지도 모르겠다. 너의 웃음 한 번이면 하루 동안의 고단함이 녹고, 엄마가 태어난 이유를 알 것 같던 순간이 그대로 너의 눈을 통해 전해진다면 얼마나 좋을까? 오늘은 하라의 여섯 번째 생일이다. 하라로 인하여 되려 내가 태어난 의미를 깨닫는 하루다.

"생일 축하해. 나의 공주, 나의 전부." __ 2022. 3. 25. 금요일

8월, 여름이 한창이다. 꽃보다 예쁜 하라 손톱에 봉숭아 물들였다. __ 2022. 8. 어느 여름날

하라 손톱에 여름이 물든다

봉숭아 한 줌 조그맣게 쥐어
하라 손톱 위로 조심스레 올려본다.
고운 주홍빛이 번져가더니
꽃보다 예쁜 하라 고운 두 뺨에도

미소 되어 붉게 물들어간다.

그 붉은빛이 너무도 사랑스러워서,
너무도 고와서,
언제까지 간직하고 싶어서,
이 더운 여름 지나지 않도록
매일 들여다보며 소망을 외운다.

　대치동에는 7세 입시 전쟁이라 해서 영어유치원 졸업 후 레벨 테스트를 거쳐 초등학교 입학 전에 영어학원을 정한다. 네이버에 대치동 7세 입시만 검색해봐도 많은 기사가 나올 정도로 유별나다. 이런 7세 입시 때문에 하라는 7세 내내 고3 수험생처럼 공부했고, 심지어 근시 판정을 받아서 한쪽 눈가림 치료를 받고 있었는데도 불구하고, 한쪽 눈으로 누구보다 집중해서 오랜 시간 공부를 했다. 물론 대치동에 나 같은 엄마만 있는 건 아니며, 아이의 신체나 맑은 정신건강이 더 중요하다 여기는 엄마들도 많다. 나 또한 처음에는 여느 부모처럼 '성공하고 잘난 사람'을 목표로 획일화된 보육과 교육 방침에 동의할 수 없었다. 당연히 교육 방향에 대해 천 번도 넘게 생각하고 왔다 갔다 반복했지만, 결국엔 조기교육을 선택했다.

그러나 막상 하라가 초등학생이 되어 돌아보니, 지금껏 무슨 짓을 한 건지 허무한 생각이 들 때도 있다. 초등학교 1학년 영어학원들은 7세의 학원 때보다 훨씬 못 미칠 정도로 쉬엄쉬엄 교육했기 때문이다. 7세의 하라만 괜히 고생시켰다는 생각도 들고, 전체적인 교육 흐름의 체계도 없이 사교육의 영업적인 유혹에 내 마음이 흔들린 게 아닌가 하는 후회도 남는다. 그렇다고 후회만 남는 건 아니며, 하라가 고통스럽지 않게 얼마나 세상을 배웠는지가 중요하다고 생각한다. 책상에만 앉아 있는 공부를 하지 않았기에 그 과정을 통해서 영어뿐만 아니라 다른 경험들도 많이 쌓았다고 생각하기 때문이다.

어떤 땐 아이의 장점을 폭풍 칭찬하고, 또 어느 때는 잔소리와 꾸짖음을 반복하였다. 그럼에도 하라는 누구보다 노력했고, 엄마도 못해냈을 일을 해냈다. 또한 부모의 열린 보육과 자율적인 보살핌은 현시대가 요구하는 육아교육 방침이다. 여기에 100% 실천하지 못하였지만, 나는 나의 어린 시절 경험과 엄마로서의 깨달음을 토대로 하라에게 '편안하고 안정감 있는 육아의 길'로 안내하고자 했으나, 지나고 보면 무수한 시행착오를 느끼게 된다.

물론 지금까지는 절반의 성공이었지만, 오히려 하라가 나이답지 않게 과정보다는 결과를 중요시하는 사회에 나보다 더 적응한 아이로 커버린 느낌이 들었다. 그런 하라를 오늘밤에 꼭 안아주면서 다정스레 말을 건넨다.

"엄마는 누구보다 애썼을 하라를 알아. 사랑하는 우리 딸, 고생 많았어." ― 2022. 11. 어느 날

많은 세월이 흘렀다. 지난 몇 년간 하라에 관한 글을 쓸 수가 없었다. 일상에 몹시 바쁘기도 하였거니와 혼란기, 이를테면 육아에 관하여 초보 엄마의 혼란과 전쟁 같은 기간이었다.

비록 그동안 글로 세세하게 표현하지 못하였지만, 그 지난한 과정에서 하라와 난 사랑하기도 하고, 다투기도 하였으며, 서로 미워하기도 하였다. 그렇다고 하더라도 하라는 나의 친구 같은 존재이자, 그리고 대화 상대이었다. 그리하여 나에게 있어 하라는 늘 함께 있어주어 고마운 나의 보석 같은 딸이지만, 하라에게 나는 무슨 존재인지 점점 알 수 없게 되었다.

누구나 어떤 한계에서 좌절할 수도 있고, 포기할 수도 있지만, 하라는 결코 그러지 않았다. 지금 여기까지 온 걸 보면, 앞으로 어떠한 시련도 이겨낼 수 있는 존재가 되지 않을까 기도해본다. 설명이 필요 없이 가족은 꼭 필요한 존재이기에 함께 살아가는 거다. 나 역시 훌쩍 커버린 하라와 필요하면 서로 대화하고, 함께 놀며, 함께 삶을 꾸려가야겠다고 마음먹었다.

'아이를 진정으로 사랑하는 일은 아이를 한 사람의 동등한 인격체로 존중하는 데서 시작한다'라는 가장 평범한 명제와 함께 이제 하라의 아홉 번째 생일에 어쩌면 엄마로서 부끄러운 카드를 전해주었다. ― 2024. 3. 25. 월요일

사랑하는 나의 딸, 하라야

다른 엄마도 그렇겠지만 엄마는 엄마 노릇을 배운 적이 없어. 아직도 초보 엄마라는 변명이 부끄럽지만, 선수 쳐서 변명을 내밀어본다. 하라와 매일의 시간이 언제나 처음이라 버벅대고, 혹은 숨 가쁘게 잔소리를 몰아치는 이런 엄마와 9년째 살아주고 있어서 참 감사하고 미안하다.

엄마는 생각보다 훨씬 더 강단 있는 하라에게 놀라기도 하고, 많이 배우고 있어. 끝까지 하라에게 갚을 빚이 없는 엄마가 되도록 노력할게. 엄마가 세상에서 제일 많이 사랑하는 우리 하라, 너의 아홉 번째 생일을 진심으로 축하해.

하라가 초등학교 2학년에 들어선 후에 사춘기라 하면 너무 빠르고, 내가 그냥 만들어 낸 말로 N춘기가 와서 너무 힘들었다. 반항하고 소리를 지르고, 이런 일이 너무 심해서 달래도 보고 혼내도 봤지만, 전혀 다른 방향으로 나가는 하라였다. 내가 뭘 하든 신경도 안 쓰고 혼자 반항하며 현관 문밖으로 나가버린다던가, 엄마인 내 가슴을 후벼파는 말들을 일부러 한다던가, 하는 짓을 반복해서 결국 나도 같이 고함을 질렀다. 아이 앞에서 우는 모습을 보이는 게 너무나 싫었는데 꺼이꺼이 울고 말았다. 위 카드는 그 시기에 적은 생일카드다.

지금은 또 언제 그랬냐는 듯, 하라는 다시 원래의 모습으로 돌아왔지만, 내게는 큰 의문이자 가슴 아픈 상처로 남아 있다. 선배 엄마들 말을 들으니 초등학생 때 이런 일은 아무것도 아니고 귀여운 거라며, 중학생 때가 정말 엄마들 머리에 지진 난다고 하는데 나는 벌써부터 걱정이 아닐 수 없다.

나는 지금도 너무 힘들고 괴롭고 지치는데, 혹여 하라가 중학생이 되어 사춘기가 와서 반항한다면 상상만으로도 너무 힘들어서, 나 혼자 하라는 사춘기를 잘 지나갈 거라는 믿음을 키우고 있다. 그러기 위해서는 하라가 중학생이 되기 전에 내가 하라에게 믿음과 신뢰를 주는 엄마가 되어야 하겠다는 다짐을 거듭하면서 이 글을 끝내고자 한다.